CUIDADOS PARA
USTED Y SU BEBÉ

CUIDADOS PARA USTED Y SU BEBÉ

Desde el embarazo hasta el primer año de vida

Por: Fairview Health Services
Afiliado con la Universidad de Minnesota

Fairview Press
Minneapolis

Publicado por Fairview Press, 2450 Riverside Avenue, Minneapolis, MN 55434.

Biblioteca del Congreso. Información sobre ésta publicación.
Caring for you and your baby. Spanish
    Cuidados para usted y su bebé : desde el embarazo hasta el primer año de la vida / por Fairview Health Services, afiliado con la Universidad de Minnesota.
      p. cm.
    Included bibliographical references and index.
    ISBN 1-57749-104-1 (pbk. : alk. paper)
      1. Pregnancy. 2. Infants--Care. I. Fairview Health Services.

    RG525 .C34618 2001
    618.2'4--dc21   2001042934

Primera Edición
Primera impresión: 2001
Impreso en los Estados Unidos de América

06 05 04   4 3 2

Escritor: Linda Picone
Editor: Edgar Rojas
Traducción al idioma Español: Héctor Ramírez
Editor de la segunda edición en Inglés: Lora Harding-Dundek
Diseño interior: Jane Dahms Nicolo
Ilustraciones: Barbara Beshoar
Diseño de la portada: *Cover Design by Laurie Duren*™

Para catálogos o información sobre otras publicaciones de Fairview Press, llame gratis al 1-800-544-8207. También visítenos en Internet: www.fairviewpress.org

Reconocimientos

Fairview es un sistema de salud enfocado a la comunidad que provee una completa serie de servicios, desde la prevención de enfermedades y lesiones hasta el tratamiento de las condiciones médicas más complejas. La información contenida en este texto fue reunida y desarrollada por nuestro departamento de ginecología y obstetricia.

Este libro es una respuesta directa a las necesidades de nuestros pacientes y sus familias. Fairview recibe al año más de 11000 niños, y es el centro médico que atiende a más madres y bebés en el estado de Minnesota.

Muchas personas de Fairview Health Services contribuyeron a este proyecto. Entre ellas se incluyen: Dalia Abrams, BSc, MA, CCE; Jody Arman-Jones, BsEd, CCE; Nancy Barkley, RN; Linda DiBartolo, RNC; Judy Cannon, RNC, MS; Deb Cathcart, RN, MS; Lora Harding-Dundek, BA, MPH, ICCE; Kathy Eide, RN, NP; Mary Ess, RN, IBCLC; Donna J. Florence, MS, RN, ACCE, CNS; Patricia Fontaine, MD; Becky Gams, RNC; Kay Gray, BA, BS; Judy Grumm, RN; Margaret Harder, CCRN, BSN, MA; Jeanne Hartwig, LPN; Debra Heaver, RN; Kathryn Kerber, RN, MS, CNS; Evelyn Lindholm, RN, IBCLC; Jane Lowe, RN, IBCLC; Rachel McCann, RN; Laurie McNamara, RN; Kathleen Maloney, RN; Bonnie Miller, RN; Kim Mullon, RN; Sue Nesheim, RN; Denise Palmer, RN, MS; Lorina Patterson, parent advisor; Vicki Pieper, RN, IBCLC; Jeri Price, BA, CCE; Wendy Raisir, parent advisor; Jane Rauenhorst, MALP; Marie Root, RN, IBCLE; Ann Shelp, BSN, ICCE; Anthony Shibley, MD; Arlyce Shook, RNC; Noreen Siebenaler, RN, MSN, IBCLC; Patti Sollinger, MSN, CPNP; Sheryl Lynds Stowman, MDiv, ACPE Supervisor; and Aner Vladaver, MD.

Agradecemos a nuestros pacientes y sus familias, y a las demás personas que ayudaron a hacer realidad este libro.

Contenido

Introducción

Tal vez ya estaba segura antes de consultar a su médico. Al observar su cuerpo, notó los senos más grandes y sintió una ligera molestia estomacal; había tratado de quedar embarazada. O tal vez no lo había pensado en lo absoluto —utilizaba un método de planificación, aún tenía menstruaciones, estaba convencida de que *no podía* quedar embarazada—.

Sea o no una sorpresa, se acaba de enterar que tendrá un bebé. Millones de mujeres los han tenido, entonces ¿debe ser algo trivial, cierto?

Pues no es así, en realidad es una experiencia trascendental.

Este es *su* embarazo, *su* bebé, *su* vida. Si se trata de su primer hijo, tal vez se sentirá insegura sobre lo que sucederá durante su embarazo, cuando el bebé nazca y usted se convierta en madre. Sus amigos y familiares cuentan historias, algunas atemorizantes, otras alentadoras. Hay cientos de libros sobre el nacimiento de bebés ¿cuál es bueno para usted?

Cuidados para usted y su bebé enseña los conceptos básicos sobre el embarazo y el tratamiento de su bebé durante los primeros quince meses de vida. Si éste es el único libro que ha visto, tendrá un buen comienzo al saber lo que puede esperar de aquí en adelante.

Si desea más información, al final de la mayoría de capítulos encontrará una lista de publicaciones que le pueden brindar ayuda.

Si este no es su primer bebé, tal vez ya está familiarizada con gran parte de la información contenida en este libro. Siendo así, úselo para recordar algunas cosas como alimentarse bien, hacer ejercicio con seguridad, respirar apropiadamente cuando llegue el momento del parto, y lo que ha de esperar cuando dé a luz.

A menudo encontrará palabras como "médico obstetra" a lo largo de este libro. Creemos que tendrá un mejor embarazo y un bebé más saludable si trabaja conjuntamente con quienes la atenderán —esto es, médicos, enfermeras-parteras, enfermeras practicantes u otros asistentes médicos—. Debería hablar siempre con su médico (o el personal de apoyo) la verdad acerca de lo que está haciendo y sintiendo, y a la vez debe esperar respuestas claras y honestas a sus preguntas.

Los consejos ofrecidos en este libro son ampliamente aceptados en la comunidad médica, pero si su especialista le dice algo diferente, debe seguir sus indicaciones. Su médico la conoce mejor que cualquier libro.

Si se encuentra preocupada por un extraño dolor a medianoche, o desea saber cuánto tiempo más podrá continuar trotando, él es el primero que puede darle las respuestas que necesita.

Cuando tenga dudas, consulte a su médico.

1 *Usted está embarazada*

A lo largo de su embarazo tendrá que poner atención especial a su salud, para el bien suyo y el de su bebé. Ejercicio, dieta y otros hábitos son importantes durante el embarazo, y le brindan a su bebé el mejor comienzo en la vida.

Las siguientes secciones abarcan todo el proceso del embarazo y el nacimiento de su bebé. Los capítulos están ordenados de forma paralela al desarrollo de su embarazo, así que puede acceder a cada uno de ellos para leer acerca de cómo cambia su cuerpo, cómo está evolucionando su bebé, y lo que usted puede llegar a sentir.

ALGUNAS DE LAS PREGUNTAS RESUELTAS EN ESTE CAPÍTULO INCLUYEN:

- ¿Qué puedo esperar de mi médico y sus colaboradores?
- ¿Cómo puedo obtener lo mejor de las visitas clínicas?
- ¿Puedo beber alcohol mientras estoy embarazada?
- ¿Qué debo comer?
- ¿Cuánto peso puedo aumentar?
- ¿Puedo hacer ejercicio?
- ¿Por qué estoy irritable?
- ¿Qué pasa si me siento agobiada?
- ¿Es el sexo seguro durante el embarazo?

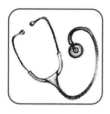

Usted y el personal médico que la atenderá

Los especialistas en su clínica la pueden ayudarla a tener un mejor embarazo y un bebé más saludable —si comienza a verlos tan pronto piense que está embarazada—. Es importante que siga sus recomendaciones en los meses venideros.

Su guía principal durante su embarazo puede ser un médico, una enfermera practicante o una enfermera-partera certificada.

- Su **doctor** puede ser un **obstetra**, especializado en el cuidado de la mujer en su embarazo y parto, o un **médico familiar**, quien le puede brindar los mayores cuidados a todos los miembros de su hogar.

- Las **enfermeras-parteras certificadas** son profesionales con entrenamiento en embarazos y partos. Ellas proveen un completo cuidado prenatal y desarrollan visitas de control mensual. Trabajan en conjunto con los obstetras, y estarán a su lado para atenderla.

- Las **enfermeras practicantes** son enfermeras que han recibido un entrenamiento especial en el cuidado de la salud de la mujer. A menudo trabajan con los doctores durante los embarazos, y podrá verlas frecuentemente en sus visitas a la clínica. Ellas no están encargadas del parto, pero son responsables del trabajo rutinario antes y después de él.

- Los **asistentes del médico** tienen un entrenamiento especial para ayudar a los doctores en dichas áreas, incluyendo el embarazo y el parto.

Al principio, probablemente visitará la clínica una vez al mes. Después lo hará más a menudo, pues las cosas pueden cambiar rápidamente. Su presión sanguínea, orina y peso serán controlados cada vez que asista a la clínica. En el desarrollo del bebé, su crecimiento, latidos del corazón y la posición en su cuerpo también serán examinados.

Las visitas a la clínica ayudarán a que las mujeres se sientan más cómodas con su salud y la de sus bebés. Pero si hay complicaciones, estas visitas regulares le permitirán a su médico controlarlas tempranamente, lo cual es importante en la prevención y el tratamiento de problemas.

¿Qué puedo esperar de mi médico y sus colaboradores?

Sus médicos son expertos en atender los embarazos, pero usted es la experta cuando se refiere a usted. No tema decirles lo que está pensando o sintiendo, o aquello que le preocupa. Ellos necesitan saberlo. Usted y el personal que la atiende son un equipo que trabaja unido para lograr un buen embarazo y un bebé saludable.

Para asegurar que sus visitas a la clínica serán efectivas, usted deberá:

Escriba todas la inquietudes que tenga antes de su visita.

Tenga un cuaderno o una libreta de anotaciones. Cuando piense en una pregunta escríbala. Así, cuando visite la clínica no la olvidará.

Pregunte otra vez cuando no entienda una respuesta.

Las palabras y frases médicas pueden sonar difíciles o incluso asustan a los pacientes. Repita la pregunta, o parte de ella, si no entiende la respuesta. El personal médico quiere asegurarse de que usted obtenga la información que necesita.

Sea honesta.

Es muy importante que reporte sus actividades a los médicos —incluyendo aquellas que lo avergüenzan—. Si fuma, usa drogas o alcohol, sea honesta. Su especialista le ayudará con educación y consejos.

Describa cómo se siente de la forma más clara posible.

No diga solamente "me duele", indique dónde, qué tanto, con qué frecuencia y cuándo. A menudo no es fácil describir lo anterior, pero trate de ser específica.

Mantenga un historial de lo que aprende durante las consultas.

Tome notas durante sus visitas al médico. Es fácil que olvide lo que ha oído, o se confunda cuando reciba mucha información a la vez. Escríbala. Mantenga un registro de su peso, presión sanguínea y otros exámenes (en la mitad de este libro encontrará una guía de cómo hacerlo).

Infórmese lo mejor posible.

Las librerías y bibliotecas contienen excelentes publicaciones sobre el embarazo. Al final de cada capítulo de este trabajo encontrará una lista de libros, videos y otras fuentes para consulta que podría encontrar útiles.

¿Cómo puedo obtener lo mejor de las visitas clínicas?

LO QUE TIENE DERECHO A ESPERAR

El personal médico que la atenderá debe darle buenos servicios de una manera respetuosa. Esto incluye:

- **Servicio puntual.** Tal vez deba pasar cierto tiempo en la sala de espera, pero si siente que ha estado un largo rato sentada, pregunte —calmadamente— cuál puede ser la demora en su atención. Así mismo, espere que su médico le devuelva las llamadas telefónicas en un tiempo razonable.
- **Compromiso.** Usted tiene derecho de recibir atención incluso cuando su doctor o enfermera estén fuera de la ciudad. Pida información detallada en la clínica.
- **Tratamiento respetuoso.** Usted y el personal médico deben tener una relación abierta, honesta, amigable y respetuosa. Si siente que no ha sido tratada respetuosamente, hable acerca de eso con su especialista.
- **Estricta confidencialidad.** Sus visitas al médico y sus discusiones con él son privadas. El doctor no debe hablar acerca de usted con ninguno de los otros pacientes.
- **Sensibilidad cultural.** No todos tenemos los mismos hábitos y creencias, y el personal médico debe comprender y respetar sus raíces culturales y étnicas. Si hay malentendidos, puede ser simplemente que su médico no está familiarizado con su cultura. Usted puede ayudarlo a que se entere de aspectos que no conoce.

SEGURO DE SALUD

Usted es responsable de saber el cubrimiento médico que su compañía de seguros le brinda. Es mejor que la llame al inicio de su embarazo, para averiguar cuándo comienzan sus beneficios prenatales, cuáles servicios son cubiertos, a cuáles médicos puede acudir, etc. Vea en la página 31 la lista de preguntas que usted debe hacer en la compañía de seguros.

NUTRICIÓN Y SALUD

SU BEBÉ merece comenzar la vida con una buena salud. Coma bien, evitando sustancias dañinas, y haga ejercicio regularmente durante su embarazo; todo esto es bueno para su bebé y usted misma.

FUMAR

Incluso si conoce que alguien fumó durante su embarazo y sin embargo ha tenido un bebé saludable, la evidencia es clara: Fumar es malo para los bebés. Si usted fuma, el comienzo del embarazo es la mejor razón del mundo para parar. La mujer que fuma durante dicho período es más propensa a tener bebés prematuros, con un peso menor a cinco y media libras, nacidos muertos, o que fallecen siendo niños. Estos son casos aterradores. ¿Por qué arriesgar a su bebé? Su médico puede ayudarla con un programa para dejar de fumar.

¿Puedofumar durante mi embarazo?

ALCOHOL

Usted podría decir: "Pero mi madre bebió mientras estaba embarazada y yo he estado bien". Es difícil creer que algo que es parte de nuestras vidas —una cerveza en un juego de pelota, un vaso de vino en las comidas, champaña para celebrar una ocasión especial— puede ser peligroso para su bebé recién nacido.

¿Puedo beber alcohol mientras estoy embarazada?

Beber durante el embarazo puede ocasionar el **síndrome del alcohol fetal** (SAF), una combinación de defectos de nacimiento que incluyen retardo mental. Este síndrome es la principal causa de retardo en los Estados Unidos.

Nadie sabe exactamente cuánto alcohol es demasiado durante el embarazo. Algunos estudios han mostrado que incluso una pequeña cantidad puede afectar el crecimiento del bebé. ¿Para qué arriesgarse? El Departamento Nacional d Salud recomienda que las mujeres embarazadas no pueden tomar *nada* de alcohol.

Si ha bebido algo de alcohol de manera ocasional —quizás antes de saber que estaba embarazada— probablemente no necesita preocuparse. Sin embargo, debe hablar con su médico solamente para estar segura.

RIESGOS AMBIENTALES

Algunos químicos ambientales —incluyendo los presentes en la casa o en el sitio de trabajo, además del mercurio y los PCBs en el pescado— pueden ocasionar riesgos en su bebé. Consulte a su médico acerca de los riesgos potenciales en el ambiente. Si tiene un gato, pídale a alguien que se encargue de sus desechos. Los excrementos de dicho animal pueden estar infectados con **toxoplasmosis**, un parásito muy peligroso para su bebé.

DROGAS

Todas las drogas, ya sean sustancias ilegales como marihuana, drogas de prescripción, o incluso medicamentos de libre venta como la aspirina, pueden tener un efecto en su bebé. Debe hablar honestamente con su médico acerca de la clase de medicamentos o drogas que toma.

Medicamentos de venta libre y drogas prescritas pueden ser seguros, pero debe preguntar al médico acerca de ellos para no correr riesgos. Algunos medicamentos simples, como la aspirina que son usualmente buenos, pueden ser peligrosos cuando usted está embarazada. Haga una lista de todo lo que toma, desde vitaminas hasta antibióticos prescritos y medicamentos para el dolor, y compártala con su médico para tener recomendaciones seguras.

Los remedios naturales también pueden afectar su cuerpo o su bebé. Si utiliza hierbas medicinales, consulte con su médico para recibir recomendaciones seguras.

COMER BIEN

Habrá ocasiones durante su embarazo en las que deseará comer todo lo que ve, y otras veces el solo pensar en comida le revolverá el estómago. De todas maneras, si come poco o mucho, debe ingerir los alimentos apropiados. El embarazo es un buen momento para desarrollar hábitos alimenticios saludables para usted y su familia.

La siguiente pirámide alimenticia muestra lo esencial de una dieta saludable. Una mujer embarazada o lactante necesita una gran cantidad de calcio, y debe ingerir por lo menos 3 ó 4 productos lácteos por día. Si no le gusta la leche, consuma yogur o requesón.

En adición al calcio, la mujer embarazada necesita ácido fólico, que se utiliza para reducir algunos defectos que ocurren en el parto. El ácido fólico, un componente en la familia de la vitamina B, puede ser encontrado en las verduras, frutas frescas, el hígado, cereales, pan y maní, o puede ser tomado como suplemento.

La pirámide alimenticia

La pirámide es una guía de sus comidas diarias.
Trate de comer los alimentos en las tres partes
inferiores de la pirámide. Necesitará alimentos de
cada grupo a diario para una dieta balanceada.

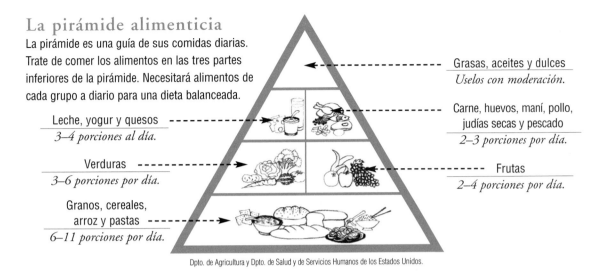

Grasas, aceites y dulces
Úselos con moderación.

Carne, huevos, maní, pollo,
judías secas y pescado
2–3 porciones por día.

Leche, yogur y quesos
3–4 porciones al día.

Verduras
3–6 porciones por día.

Frutas
2–4 porciones por día.

Granos, cereales,
arroz y pastas
6–11 porciones por día.

Dpto. de Agricultura y Dpto. de Salud y de Servicios Humanos de los Estados Unidos.

Estos son las clases de alimentos para usted y su bebé:

- **Productos lácteos** (leche, queso, yogur) —ayudan a formar huesos y dientes fuertes—.
- **Proteínas** (carne, pescado, huevos, soja, nueces, mantequilla de nueces) —ayudan en el desarrollo del cerebro y órganos—.
- **Cítricos** (naranjas, toronjas, jugo de limón) —desarrollan las células del cuerpo y la sangre—.
- **Verduras hojosas** (espinacas, brécol, col) —ayudan al buen desarrollo de los huesos, el cabello y la piel de su bebé—.
- **Otras frutas y verduras** (papas, zanahorias, manzanas, uvas, moras) —previenen el estreñimiento y dan energía—.
- **Pan, cereal, pasta, carbohidratos** —promueven el desarrollo del sistema nervioso—.
- **Agua y otros líquidos** (no colas, gaseosas ni café) —8 a 10 vasos o más cada día para prevenir la deshidratación—.

¿Qué debo comer?

Cuando sienta hambre, puede estar tentada a comer galletas, pasteles o helado. Su cuerpo necesita alimentarse, pero no le dice que comer. Usted elige lo que quiere y puede tomar decisiones saludables. Mantenga pasabocas apropiados a la mano. Una naranja puede darle la sensación de estar llena, y es buena para usted y su bebé. Un vaso de jugo de manzana es mejor que una gaseosa; unas galletas son mejores que las papas fritas (galletas, cereal y tostadas le ayudan a evitar las náuseas).

AUMENTO DE PESO

Usted va a subir de peso cuando esté embarazada, y lo necesita para un desarrollo saludable de su bebé. Tal vez no le guste su apariencia, especialmente si ha trabajado duro para mantener una figura delgada. Recuerde que una mujer embarazada saludable luce diferente a una mujer sana *no* embarazada.

Si está baja de peso necesitará aumentar de 28 a 40 libras, mientras que si tiene sobrepeso el aumento debe ser de 15 a 25 libras. Las mujeres con peso promedio deberían ganar de 25 a 35 libras. Coma sensatamente y ganará la cantidad adecuada para usted. Unas 300 calorías extras al día más una dieta saludable estaría bien.

En los tres primeros meses, puede aumentar solamente unas pocas libras (3 a 6), la mayor parte del incremento en su sangre y fluidos. Durante el resto de su embarazo, puede ganar una libra a la semana, a medida que el bebé crece.

¿Cuánto peso puedo ganar?

Promedio de aumento de peso

Un aumento de peso de 25 a 35 libras es el promedio durante el embarazo. Parte se origina por el crecimiento del bebé (7½ a 8½ libras), y el resto es debido al cambio de su cuerpo que permite el desarrollo del bebé y se prepara para amamantarlo después del nacimiento.

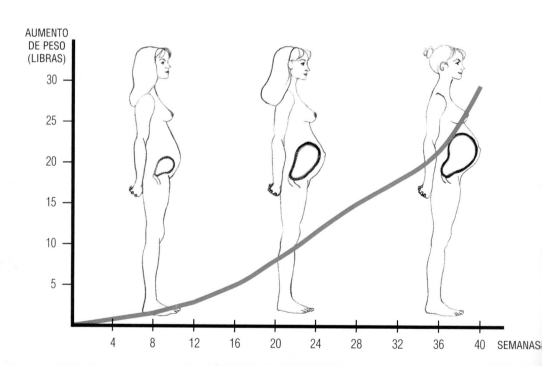

Ejercicio

EL EJERCICIO REGULAR durante el embarazo no es sólo bueno para su bebé, también la ayudará a sentirse mejor. Le dará energía, hará sentirla bien consigo misma, reducirá el estrés —y le ayudará a estar de nuevo en forma rápidamente después que nazca el bebé—.

Si ya hace ejercicio en forma regular, puede probablemente continuarlo pero a un ritmo más lento, hasta que su bebé nazca. Consulte con su médico si su ejercicio regular es muy arduo o involucra movimientos inadecuados. Si algo la hace sentir incómoda, ponga atención a la señal que envía su cuerpo y cámbielo por otra clase de ejercicio.

Si no ejercita con frecuencia, comience en forma gradual y evite hacer movimientos bruscos repentinos. Caminar rápido 30 minutos o más, al menos tres veces por semana, es un excelente ejercicio.

Consulte con su médico antes de comenzar un programa de ejercicio. Cualquiera que sea el ejercicio, hágalo con movimientos fluidos, en lugar de intensos y bruscos. Pare si siente dolor. Y siempre recuerde tomar gran cantidad de agua.

Los siguientes ejercicios son particularmente buenos para las mujeres embarazadas.

¿Puedo hacer ejercicio?

Kegel

Apriete deliberadamente los músculos que usa cuando detiene el flujo de orina. (Una manera de hacerlo: Imagine que está sentada en el inodoro y el teléfono suena). Aguante unos cuantos segundos, después relájese. Haga esto mientras sea posible, incluso hasta 100 veces al día. Usted puede hacer Kegels en cualquier sitio. De esta forma tonificará los músculos del piso pélvico, lo cual será muy importante cuando su bebé presione su vejiga.

Disminuirá el riesgo de soltar orina cuando tosa o estornude. También puede mejorar sus relaciones sexuales. Es el ejercicio más importante para una mujer embarazada.

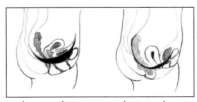

MÚSCULO PÉLVICO INFERIOR FUERTE   MÚSCULO PÉLVICO INFERIOR DÉBIL

Relajación pélvica

Apóyese en sus manos y rodillas. Mire sus rodillas, saque sus caderas y doble su espalda como un gato bravo. Mantenga la posición por pocos segundos (trate de contar hasta 5), después relájese. Repítalo por lo menos 10 veces. Este ejercicio ayuda a extender la parte baja de su espalda al final de un largo día de estar en posición parada.

No permita que su espalda se arquee ni su estómago se afloje en esta posición.

Silla de taylor

Siéntese en una posición de mariposa tocándose los pies. Coloque sus brazos entre sus pies e incline las rodillas hacia el piso. Cuente hasta 10, luego relájese. Repita esto al menos 10 veces. Este ejercicio fortifica y estira sus muslos internos.

Trate de tener una postura firme. La parte inferior de su espalda debe permanecer derecha.

Rotación de los hombros

Estire sus brazos y haga círculos a sus lados. Gire los brazos 5 veces en una dirección, después 5 en la otra. También puede hacer rotaciones tocando los hombros con sus manos. Estos ejercicios alivian la tensión en la parte superior de su espalda si usted trabaja en un escritorio o al frente de una computadora todo el día.

Trate de concentrarse en una postura perfecta mientras hace las rotaciones. Mantenga el resto de su cuerpo quieto mientras mueve los brazos.

Los pies deben estar separados a la misma anchura de los hombros.

Relajación de la espalda

Acuéstese de espaldas con los brazos a los lados. Doble las rodillas hacia su pecho y cruce los tobillos. Presione un poco su espalda en el piso y gire sus caderas. Haga círculos en una dirección por poco tiempo, después en sentido contrario. El ejercicio no debe ser realizado después de 20 semanas de embarazo, pero en los primeros meses puede ayudarle a aliviar el dolor de espalda.

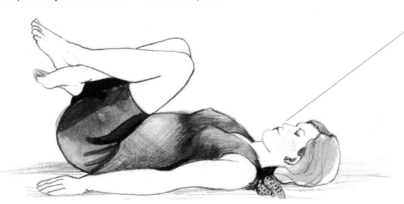

Continúe respirando mientras hace el ejercicio. Es importante para usted y su bebé mantener la circulación de aire a través de sus cuerpos.

SUS EMOCIONES

ESTAR EMBARAZADA y tener un bebé cambiará su vida de una manera que usted no se imagina. Es normal tener una cantidad de sentimientos diferentes y distintos estados de ánimo a través de su embarazo. Unas veces se sentirá feliz, en la cúspide del mundo. Otras estallará en lágrimas por las cosas más insignificantes. Puede ser impaciente e irritable en un momento, sonriente y tranquila en otro. Algunas ocasiones sentirá de todo —felicidad, tristeza, irritabilidad, tranquilidad— casi al mismo tiempo.

Algunas de estas variaciones de temperamento son el resultado de cambios hormonales. Eso ayuda a recordar que es normal.

¿Por qué estoy irritable?

Tener un buen sentido del humor le ayudará a usted y a los que la rodean. Piense que tener este bebé es una aventura, y disfrute los cambios en su cuerpo y su perspectiva de la vida.

Los cambios físicos pueden alterar su actitud. Por ejemplo, si siente náuseas y cansancio durante los primeros meses de su embarazo, es probable que se vuelva un poco susceptible. Cuando su cuerpo esté más grande y tenga dificultad al levantarse de una silla en la parte final de su embarazo, puede sentirse impaciente, como si el bebé nunca fuera a nacer.

Si éste es su primer bebé, puede estar insegura de lo que va a significar para usted ser madre. Algunas preguntas pueden surgir: ¿Es mi casa suficientemente grande? ¿Tendré que renunciar a mi trabajo? ¿Podré cuidar a mi bebé yo mi misma? ¿Cómo será el parto? ¿Tendré suficiente dinero? ¿Cómo cambiará la relación con mi pareja? ¿Amaré a mi bebé lo suficiente? ¿Me amará mi bebé? Hablar acerca de estos temas le ayudará a aliviar la ansiedad y la hará reír con preguntas disparatadas, mientras encuentra respuestas a las preguntas serias.

Si ya ha tenido hijos debe estar más confiada acerca de algunas cosas —por ejemplo, sabe cómo cambiar un pañal y alimentar el bebé, pero habrá otras preocupaciones—. ¿Tengo suficiente energía para otro niño? ¿Cómo irá a reaccionar mi pareja? ¿Estarán mis otros hijos resentidos con el bebé? ¿Tengo suficiente amor para brindar?

Durante los primeros tres meses de su embarazo, es probable que se mire interiormente, para sentirse protectora del bebé que tiene adentro y pensar acerca de lo que él o ella va a significar en su vida. Los segundos tres meses son siempre un período de mirar hacia fuera. Su embarazo aparece, se siente bien físicamente, y probablemente estará emocionada acerca de todo esto. Después, los últimos tres meses son otro período de pensamiento interior. El peso de su bebé puede disminuir un poco su agilidad en sus actividades y sabe que solamente falta un corto tiempo para tener un niño que cuidar.

Para algunas mujeres, es de ayuda escribir sus miedos y pensamientos felices en un diario durante su embarazo. Algunas encuentran que solamente al hablar con otras madres alivian gran parte de la ansiedad. Otras leen todo lo que pueden acerca de tener un bebé, porque estar bien informadas las hace sentir más confiadas.

Si este embarazo no fue planeado, si no tiene un compañero responsable o un sistema de apoyo, o si está planeando dejar el bebé en adopción, necesita un soporte emocional extra. Hable con su médico, quien puede dirigirla a las agencias y grupos que la ayudarán.

EL ESTRÉS

Puede hacerle frente al estrés en su vida —incluyendo la tensión de estar embarazada— si usted:

- *Hace una dieta saludable, bien balanceada.*
- *Duerme lo suficiente.* Escuche lo que su cuerpo le dice; tome una siesta cuando la necesite.
- *Hace ejercicio con regularidad y toma aire fresco.*
- *Toma las cosas con calma.* Relájese. No trate de hacer todo.
- *Disfruta su tiempo.* Haga por lo menos una cosa cada día que la haga sentir bien.
- *Acepta ayuda.* Su compañero, amigos y familiares le podrán ofrecer el cuidado de las cosas que normalmente hace. Déjelos.
- *Si tiene problemas para manejar el estrés, hable con su médico, quien puede ayudarle a encontrar ayuda en la clínica, el hospital o la comunidad.*

¿Qué pasa si me siento agobiada?

EMBARAZO Y ESPIRITUALIDAD

Tener un bebé es una experiencia sagrada. Para la mayoría de los nuevos padres, es un tiempo de reflexión espiritual —rezar, meditar, tener una introspección, o conectarse con un poder superior—. Este ejercicio espiritual que le puede ayudar a centrar sus pensamientos y darle tranquilidad espiritual durante su embarazo:

1. Encuentre un lugar confortable para relajarse y pasar un rato sola con su niño y su poder espiritual. Dicho poder puede ser Dios, amor, el creador o una persona amada que haya fallecido.

2. Enfóquese en el minúsculo niño que está creciendo dentro de usted. ¿A qué se le parece en este estado de desarrollo? ¿Cómo siente o imagina la presencia de su bebé, qué emociones emergen?

3. Reconozca sus emociones. Puede sentir emoción, miedo, confusión, gratitud y tristeza, todo al mismo tiempo.

4. Ahora imagine su poder espiritual dándole a su niño el regalo del amor. Puede imaginar palabras e imágenes amorosas, o una cálida luz que rodea a su bebé dentro de la matriz, bendiciéndolo y abrazándolo. Podría incluso ver esta luz expandiéndose a través de su cuerpo, bendiciéndola y colmándola también a usted.

SU COMPAÑERO

La vida de su compañero también está cambiando. Prepararse juntos para este bebé puede ser una experiencia maravillosa, pero también afrontar asuntos que no habían pensado antes. Usted tiene derecho a esperar apoyo y atención especial durante su embarazo, pero recuerde que su compañero también tiene necesidades emocionales. A menudo los compañeros no sienten la realidad del embarazo tan rápido como la mujer, cuyo cuerpo está cambiando.

La comunicación es esencial. Hable acerca de lo que siente y escuche los sentimientos de su compañero. Saque tiempo para los dos durante el embarazo, de tal forma que puedan compartir sus emociones y temores de forma tranquila y sin afán.

SEXUALIDAD

En la mayoría de los embarazos es seguro tener sexo, incluso unas pocas semanas antes del parto. Pero usted, o su compañero, puede encontrar que el interés en el habito sexual está cambiando durante esta época.

¿Es el sexo seguro durante el embarazo?

Es posible que no le interese el sexo en los tres primeros meses de su embarazo, simplemente porque sus senos le duelen, está cansada o con náuseas. Durante los siguientes tres meses, es probable que tenga más energía y se sienta sexy con sus senos agrandados y una mayor sensibilidad en su área genital. En los últimos tres meses el tamaño del bebé puede hacer difíciles las relaciones sexuales.

El interés de su compañero en el sexo puede reflejar el suyo; cuando se siente positiva e interesada, su pareja posiblemente sentirá lo mismo. Algunos hombres encuentran que una mujer embarazada luce amorosa y sensual con su creciente cuerpo. Pero a veces su compañero puede tener otras dudas o miedos. ¿Perjudicará el sexo a mi bebé? ¿Es usted ahora una madre y no una amante?

Lo que importa es cómo se siente usted y su compañero. Este es un tiempo importante para que sean amables y considerados entre sí. Si uno está interesado en el sexo y el otro no, pueden explorar otras formas de tener intimidad, con masajes y abrazos hasta llegar al orgasmo.

En algunas situaciones, su médico puede aconsejarle que no tenga relaciones sexuales o restrinja la clase de sexo que practica. Estas situaciones incluyen:

- **Una historia de aborto.**
- **Una infección vaginal.**
- **Dolor vaginal o abdominal.**
- **Sangrado vaginal.**
- **La posibilidad de un parto prematuro.**
- **Membranas que han tenido ruptura o están goteando.**

EL ABUSO DOMÉSTICO

PUEDE SER DIFÍCIL dejar una relación, incluso si está siendo abusada emocional o físicamente. Puede preocuparle el estar sola o no poder enfrentar la situación sin el apoyo de su pareja. Ahora puede preguntarse si puede mantener un niño sin su compañero.

El embarazo a menudo incrementa el abuso del compañero. Está comprobado que un 25 a un 40 por ciento de las mujeres abusadas lo son durante el embarazo. Puede haber muchas razones, pero ninguna es una excusa para maltratar a la mujer y a su bebé.

Si tiene una relación en la que es abusada, o si su pareja pierde el control "de vez en cuando", ahora tiene que pensar en su bebé y en sí misma. La mujeres embarazadas abusadas tienen mayores complicaciones durante sus embarazos, con posibilidades de aborto, bebés con bajo peso al nacer, hemorragias, parto prematuro y la muerte del bebé.

Nadie merece ser abusado —ni usted ni su bebé (o su compañero; ocasionalmente las mujeres abusan de sus parejas)—.

Hay muchas agencias que la pueden ayudar —y a su compañero—, evite el abuso y promueva un ambiente seguro para su bebé. Hable con su médico para recibir la ayuda adecuada.

SEÑALES DE ADVERTENCIA

CUANDO ESTÁ EMBARAZADA, algunos cambios de su cuerpo pueden sentirse muy extraños. La mayoría de estos cambios son parte normal del embarazo, incluso si son diferentes a cualquier cosa que haya sentido antes. Pero a veces pueden ser una señal de problemas. Hable con su médico si en algún momento durante el embarazo ve o siente:

- **Cambio en su flujo vaginal.** Significa *cualquier* sangrado de la vagina, o un incremento en el flujo vaginal antes de la semana 36 (o cerca de un mes antes de nacer el bebé).
- **Decrecimiento repentino de los movimientos del bebé.** Su clínica le puede enseñar cómo examinar los movimientos del nuevo ser. Una página para llevar el registro del pataleo del bebé y otros movimientos también es incluida este libro.
- **Dolor abdominal agudo o dolor que parece no aliviarse.**
- **Problemas inusuales de salud.** Estos pueden incluir:
  Náuseas severas, vómito o dolor de cabeza.
  Hinchazón de las manos o la cara, o hinchazón notable de pies o tobillos.
  Visión borrosa, apareciendo puntos frente a sus ojos.
  Dolor o irritación al orinar.
  Disminución en la cantidad de orina.
  Escalofríos o fiebre.
- **Una sensación de que algo no está bien.** Incluso si no sabe exactamente qué es, confíe en su cuerpo y sus instintos.

Pruebas y tendencias genéticas

Las pruebas y tendencias genéticas ayudan a la familia a saber más si son propensos a tener un bebé con defectos de nacimiento. También pueden ayudar a encontrar un patrón de desórdenes genéticos en su familia, si existe alguno. No es rutinario desarrollar dichos análisis, pero su médico puede considerarlos necesarios, especialmente si:

- **Usted tiene 35 años o más.**
- **Ha tenido un niño con un defecto de nacimiento.**
- **Su familia tiene una historia médica de desórdenes genéticos.**

Usualmente, la prueba genética es recomendada *antes* que se decida a tener un bebé, y si existe la preocupación de que usted o el padre pueda tener una condición genética particular, o si hay una historia familiar de desórdenes genéticos.

Después de quedar embarazada, los consejos y la prueba genética pueden ser requeridos para que tome decisiones acerca del embarazo y el cuidado de su bebé después que nazca.

Un mayor riesgo de tener un bebé con ciertos defectos de nacimiento, como el síndrome de Down (mongolismo) o spina bífida, puede ser observado analizando la sangre de la mujer embarazada. Si la muestra de sangre indica un riesgo alto, el médico puede recomendar un **examen de ultrasonido** a fin de obtener un diagnóstico definitivo. Para una prueba adicional, su médico puede sugerirle una **amniocentesis**, que es la extracción de una pequeña cantidad del fluido amniótico que rodea a su bebé. Este líquido puede ser probado en un laboratorio para dar una información más acertada acerca de su bebé y los riesgos de salud genéticos.

Si las pruebas genéticas son recomendadas, su médico le dirá cómo serán hechas, o si existen riesgos para su bebé, y de este modo pueda tomar una decisión. Piense que la mayoría de los bebés nacen sin defectos serios de nacimiento. Incluso cuando se encuentra un riesgo congénito, lo más probable es un embarazo normal.

PARA LOS COMPAÑEROS

USTED PUEDE SENTIRSE feliz y alegre como lo está su pareja embarazada. Tal vez está *más* feliz y emocionado. Ambos están entrando en una nueva etapa de su relación. Eso significa la oportunidad de fortalecerla más.

También se puede sentir un poco agobiado. Se supone que debe apoyar a su pareja, pero puede tener sus propias dudas y miedos al enfrentar la situación.

Trate de recordar sus buenos sentimientos. Prepárese para tener un bebé que puede hacerlo crecer como persona. Asegúrese de hablar con su pareja. Háblele acerca de sus deseos y sueños para el bebé y ustedes dos. Luego escuche bien lo que ella le dice. Su mujer está propensa a tener muchas emociones a través del embarazo. Disfrute de buenos momentos y sea paciente con los períodos tristes o difíciles.

Mantenga su sentido del humor, pero asegúrese de reir *con* su pareja, no de ella, pues puede estallar en lágrimas por comentarios sin importancia. No lo tome como algo personal.

El sexo puede ser un problema durante el embarazo. Usted puede estar interesado cuando ella no lo esté, o viceversa. Sea paciente y piense en la manera de estar cerca si no están teniendo relaciones sexuales.

Apoye el desarrollo de los hábitos saludables de su compañera. Coma y haga ejercicio con ella, deje de beber. Si fuma, ahora es el momento de parar. El huno es nocivo para la mamá y el bebé. Todo bebé merece llegar a un hogar saludable.

PARA MAYOR INFORMACIÓN

A Child is Born por Lennart Nilsson.
Active Birth por Janet Balaskas.
The Birth Partner por Penny Simkin.
Essential Exercises for the Childbearing Year por Elizabeth Noble.
Pregnancy, Childbirth and the Newborn por Penny Simkin y otros.
Pregnancy/Day by Day por Sheila Kitzinger y Vicky Bailey.
While Waiting por George E. Verrilli, MD, y Anne Marie Mueser.

Los primeros tres meses

Su cuerpo cambia muy rápidamente durante los primeros tres meses (un **trimestre**) de su embarazo, ya que se adapta para contener el bebé. Es probable que usted sienta muchos de estos cambios, aunque no sean usualmente visibles para los demás. Al mismo tiempo, su bebé está creciendo de una simple célula a un embrión que empieza a moverse.

ALGUNAS DE LAS PREGUNTAS RESPONDIDAS EN ESTE CAPÍTULO INCLUYEN:

- ¿Cómo está creciendo mi bebé?
- ¿Qué puedo hacer respecto a los "malestares matutinos"?
- ¿Por qué tengo que ir tan seguido al baño?
- ¿Qué debo hacer para los dolores de cabeza?
- ¿Cuáles son las señales de aborto?
- ¿Qué tipos de pruebas me harán en la clínica?

EL DESARROLLO DE SU BEBÉ

La vida de su bebé comienza con solo un óvulo en su cuerpo, unido con un espermatozoide del padre. Menos de una hora después de que estas dos células se han unido, ya empiezan a dividirse y multiplicarse. Al principio lo único que se ve es un racimo de células, nada parecido a un bebé. A medida que las células continúan multiplicándose, comienzan a convertirse en partes específicas del cuerpo humano.

Una mujer puede no saber que está embarazada durante el primer mes, pero el nuevo ser ya está creciendo rápidamente. Al final del primer mes, el corazón del feto empieza a latir y otros órganos inician su desarrollo. El bebé tiene una longitud aproximada de ³⁄₁₆ de pulgada y hay unos puntos negros en la posición donde estarán los ojos.

Durante el segundo mes ya se están desarrollando el cerebro y la columna vertebral. La cabeza del bebé parece grande, comparada con el resto del cuerpo. Al final de este mes, su longitud es cercana a una pulgada y pesa menos de ¹⁄₁₀ de onza. Los dedos de manos y pies apenas empiezan a formarse.

El tamaño del bebé se triplica durante el tercer mes, hasta aproximadamente 3 pulgadas. Ahora su peso es cercano a 1 onza. Los dedos de los pies y manos ya están desarrollados y las uñas se empiezan a formar. Incluso hay señales de lo que serán los dientes del bebé. Los órganos sexuales son ahora visibles.

¿Cómo está creciendo mi bebé?

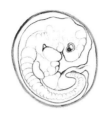
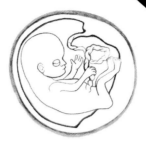

El espermatozoide (con cola) es absorbido por el óvulo en la trompa de Falopio. La cola desaparece y empieza a multiplicarse la nueva combinación genética del padre y la madre. Dentro de un par de horas habrá dos células, las cuales se dividirán en más células y luego en más. En sólo 5 días habrá un grupo de 90 células.

A las 4 semanas el embrión está tomando forma, con una cabeza y el comienzo de lo que serán los ojos.

A las 8 semanas ya se están formando las características faciales y el bebé tiene dedos en manos y pies. De hecho, ahora están en su desarrollo inicial todas las partes y funciones del cuerpo. A los dos meses el embrión se convierte en un "feto".

A las 12 semanas, el corazón del bebé está completo y se está empezando a formar el esqueleto. Las proporciones corporales son cercanas a como serán cuando el bebé nazca, siendo la cabeza ⅓ del tamaño del cuerpo.

CEDIENDO CON SU CUERPO

biando rápido y significativamente durante el
natural que esto cause algún malestar. Ponga
s que su cuerpo le envía —si se siente cansa-
stá indicando que descanse—, y recuerde que
ienta mejor durante el segundo trimestre.
cambios físicos que puede experimentar inclu-
los senos, náuseas y vómitos, cansancio, des-
ente, dolores de cabeza y derrames vaginales.

OS SENOS

ujeres, los senos sensibles y doloridos es señal de
os se están preparando para alimentar el bebé.
Las glándulas mamarias se agrandan y se incrementa el tejido
graso. Sus pezones pueden oscurecerse y aumentar de tamaño y es
posible observar venas azuladas bajo la piel de los senos.

Tal vez ahora necesite un sostén más grande, o uno más fuerte
que los que ha usado. Hay sostenes especiales para maternidad,
pero cualquiera que provea el soporte adecuado le será útil. Los de
algodón son los mejores porque dejan que su piel respire.

Náuseas y vómitos

¡Si sólo fueran los "malestares matutinos"! Usted puede sentir
malestar estomacal a cualquier hora del día o la noche y algunas
mujeres dicen tener náuseas a todo momento durante el primer
trimestre del embarazo.

La buena noticia es que los malestares usualmente ocurren
sólo durante el primer trimestre.

Algunas cosas que pueden ser de ayuda:

- *Mantenga galletas cerca y coma un par de ellas cuando empiece a sentir náuseas, o antes de levantarse de la cama en la mañana.*
- *Coma cantidades pequeñas varias veces al día, así su estómago nunca estará vacío.*
- *Coma lentamente.*
- *Ingiera un poco de carne sin grasa o queso antes de ir a dormir.*
- *Tome líquidos sólo después de comer.*

¿Qué puedo hacer respecto a los "vómitos del embarazo"?

23

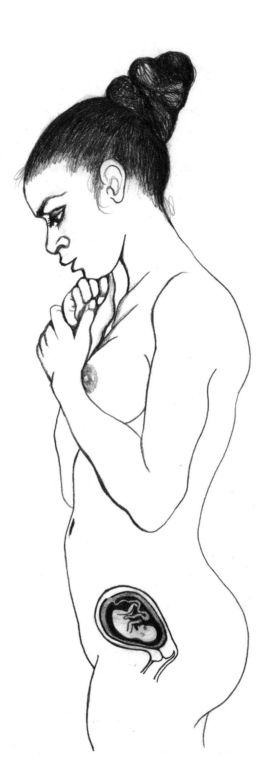

Usted puede no "parecer embarazada" para los demás a finales del tercer mes, pero su vientre está empezando a redondearse mientras su matriz ocupa más su cavidad pélvica. Ahora la longitud del bebé es cercana a 4 pulgadas.

- *Evite alimentos que crean náuseas a las mujeres embarazadas, esto es, comidas freídas, alimentos condimentados, mariscos, jugos cítricos o bebidas con cafeína como café, té y cola.*
- *Evite temperaturas muy altas o muy bajas en lo que bebe y en su hogar u oficina.*

Si sus náuseas son intensas o constantes, hable con su médico acerca de las cosas que pueden ayudar, incluyendo la vitamina B6 o el germen de trigo. Muy pocas mujeres tienen náuseas que requieran hospitalización.

CANSANCIO

Es normal sentirse cansada durante los primeros meses de su embarazo. Este cansancio es causado por los cambios hormonales que ocurren en esta época. Puede ser más difícil si tiene un trabajo u otros niños, pero cuando se sienta cansada trate de reposar. Acuéstese más temprano de lo usual y tome siestas frecuentes.

El ejercicio regular no la hará sentirse más cansada —todo lo contrario—. El ejercicio estimula la circulación y es bueno para usted y su bebé. Caminar es apropiado y fácil de ajustar a su rutina.

Durante su embarazo hay más probabilidades de desarrollar **anemia.** Cuando una persona está anémica, la sangre no lleva oxígeno al resto del cuerpo como debería. Parte de su cansancio puede ser causado por la anemia. Hable con su médico acerca del cansancio intenso.

DESMAYOS

En los primeros meses de embarazo puede repentinamente sentirse mareada o débil al pararse después de estar sentada o acostada. También puede desmayarse después de estar de pie un largo rato, especialmente en una habitación cálida. Esto puede ser causado por baja presión sanguínea, bajo nivel de azúcar en la sangre, o anemia.

Si se siente mareada, siéntese y ponga su cabeza entre sus rodillas. Levántese lentamente, si ha estado sentada o acostada. Si tiene que estar parada mucho tiempo, muévase alrededor y ejercite sus piernas.

Ingerir 5 ó 6 comidas pequeñas a lo largo del día puede ayudarla a mantener el nivel de azúcar en la sangre.

ORINA FRECUENTE

A medida que su útero crece con el bebé, hace presión sobre su vejiga y por ello debe ir más a menudo al baño. La mayoría de mujeres notan esto principalmente durante los primeros y últimos meses.

Usted necesita tomar mucho líquido —8 a 10 vasos (8 onzas por vaso) o más diariamente— para que permanezca saludable durante su embarazo, pero debería tomarlo temprano en el día para que no tenga que levantarse para ir al baño muchas veces en la noche.

Los ejercicios Kegel (ver capítulo anterior) pueden fortalecer sus músculos pélvicos para controlar su orina, de tal forma que no pase momentos embarazosos.

DOLOR DE CABEZA

Cuando empiece a sentir dolor de cabeza, acuéstese en una habitación oscura y tranquila si puede. Puede ser útil una compresa caliente o fría (como un paño para lavarse) en la parte trasera de su cuello.

La mayoría de profesionales de la salud piensan que el acetaminofén (tilenol) es seguro durante el embarazo. No tome aspirina o ibuprofen sin consultar primero a su médico.

Hable con su doctor si sus dolores de cabeza son más prolongados o intensos que lo usual, o si su visión cambia. Este tipo de dolor de cabeza es a veces una señal de alta presión sanguínea y usted y su bebé pueden necesitar cuidados especiales.

DERRAME VAGINAL

Su descarga vaginal puede cambiar varias veces durante el embarazo. Puede estar más propensa a infecciones como la vaginitis u otra clase de infecciones vaginales. Para este problema su médico puede darle un medicamento que no perjudicará a su bebé. No duche su vagina durante el embarazo y tampoco use supositorios, tales como medicamento para la vaginitis, sin hablar antes con su médico. Tal vez necesite evitar el jabón perfumado y el talco. Use sólo pantis de algodón.

¿Por qué tengo que ir tan seguido al baño?

¿Qué debo hacer para los dolores de cabeza?

Aborto

MÁS DEL 20 por ciento de los embarazos terminan en aborto, usualmente durante el primer trimestre. A menudo no hay razón aparente para que esto ocurra, pero probablemente es debido a que el cuerpo reconoce que algo no está funcionando bien en el desarrollo del bebé o el embarazo y comienza un proceso natural para detener la gestación.

Aunque es natural y común, el aborto puede ser una gran pérdida para una pareja. Han estado esperando ilusionados al bebé, han empezado a soñar acerca de lo que significará ser padres, tal vez lo han comentado a sus amigos y parientes... y ahora esos sueños se desvanecieron. Quizá se sienta culpable. ¿Hice algo mal? ¿Puedo quedar embarazada otra vez? ¿Abortaré de nuevo si lo hago?

Su médico obstetra puede darle respuestas a estas preguntas que son específicas para usted y su embarazo. Es muy improbable que usted hiciese algo para provocar el aborto. El ejercicio, el sexo, las emociones fuertes, o incluso una mala caída rara vez causan un aborto. Experimentarlo, incluso si no es la primera vez, no necesariamente indica algo acerca de su capacidad para quedar embarazada de nuevo o lograr el proceso completo del desarrollo del bebé. Sin embargo, su cuerpo puede necesitar descanso y curación antes de que usted se embarace. Su médico puede aconsejarle cuándo puede intentarlo otra vez con seguridad.

Señales que le indican que puede estar teniendo un aborto

Si tiene alguna de las siguientes señales, debería llamar inmediatamente a su médico. Posiblemente él le dirá que permanezca en casa y observe los síntomas, o tal vez deba ser atendida enseguida.

¿Cuáles son las señales de aborto?

- **Sangrado o manchado.** Derrame rosado o pardo, menos que durante el período. El manchado en los primeros meses de embarazo no necesariamente significa que usted tendrá un aborto, pero es un síntoma que requiere su atención.
- **Calambres.** Son normales los calambres similares a los que siente durante un período menstrual, pero si van acompañados con sangrado pueden ser señal de un aborto.

- **Sangrado denso.** Sangre roja brillante, tan densa como la de un período menstrual, o aun más.
- **Calambres intensos.** Puede sentir calambres continuos, o unos muy intensos que vienen y se van. Estos dolores son mucho más fuertes que los producidos por la menstruación.
- **Aparición de grandes coágulos.** Un coágulo blanco o gris, junto con coágulos de sangre más grandes, puede significar que ya ha tenido un aborto. Debe conservar el tejido y mostrarlo a su médico.

VISITAS A LA CLÍNICA

SU PRIMERA VISITA será más larga y complicada y tal vez desee tener a su pareja acompañándola para que ambos puedan hacer preguntas.

Se registrarán su altura, peso y presión sanguínea. (Su peso y presión sanguínea serán tomados en cada visita a la clínica durante el embarazo). El personal médico llevará una historia clínica y le hará preguntas sobre dietas, hábitos y la historia médica familiar.

El médico le examinará los oídos, los ojos, la nariz, la garganta, el corazón, los pulmones, los senos, el abdomen y las glándulas linfáticas. Tendrá un examen pélvico para examinar la vagina, la cerviz, el útero, las trompas de Falopio y los ovarios. El tamaño de su útero será medido para ayudar a determinar cuántas semanas tiene de embarazo. Si la gestación está lo suficientemente avanzada, el médico escuchará el latido del corazón de su bebé. Un examen de citología será realizado para buscar anormalidades o señales de cáncer cervical.

Para la realización de pruebas de laboratorio le pedirán muestras de sangre y orina. Su tipo de sangre, factor RH y la cantidad de hierro serán examinados. El examen de sangre será hecho para determinar enfermedades de transmisión sexual que pueden afectar al bebé y para saber si usted ha tenido sarampión alemán o ha estado expuesta a hepatitis. También le será ofrecida una prueba de VIH. Su orina será examinada para determinar los niveles de azúcar y proteína y cualquier infección presente.

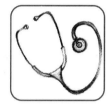

¿Qué tipos de pruebas me harán en la clínica?

ULTRASONIDO

Una prueba de ultrasonido puede ser practicada durante el primer o segundo trimestre de su embarazo. No es un examen de rutina y será hecho sólo si su médico obstetra lo cree necesario. El ultrasonido usa ondas sonoras de alta frecuencia para producir una imagen de su bebé.

El procedimiento es simple: Usted se acuesta y su abdomen es cubierto con una sustancia gelatinosa. Luego el médico pasa un transductor o micrófono especial sobre su abdomen. Usualmente tanto usted como el médico pueden ver la imagen en una pantalla mientras el transductor es movido. Puede recibir una "fotografía" de su bebé para que la lleve a casa.

El médico puede usar el ultrasonido para examinar:

- **El número de bebés.**
- **La localización de la placenta.**
- **La fecha estimada del parto.**
- **El peso del bebé.**
- **El crecimiento y desarrollo del bebé.**

PREGUNTAS A REALIZAR A SU COMPAÑÍA DE SEGUROS

Cuando llame a su compañía de seguros, explique que desea verificar sus beneficios de maternidad u obstétricos y que necesita la siguiente información.

Fecha/hora de la llamada_____ Compañía de seguros _____

Persona con quien habló _____ Número de la póliza _____

1. ¿En qué fecha empiezan mis beneficios prenatales? _____

2. ¿Mi póliza cubre instrucción para nacimiento, lactancia y paternidad? _____

3. ¿Estoy asignada a una clínica específica de cuidado especial? _____

4. ¿Hay algún pago adicional? ¿Hay un máximo deducible o pago adicional? ¿El máximo pago adicional incluye el deducible? _____

5. ¿Si mi bebé es el nieto del titular de la póliza, está cubierto por ella? ____ si ____ no

6. ¿Mi estancia en el hospital debe ser preaprobada? ____ si ____ no En caso de sí, ¿qué necesito hacer para recibir preaprobación _____

7. Si tengo un parto vaginal normal, ¿cuánto tiempo puedo permanecer en el hospital antes de necesitar la autorización de un doctor para prolongar mi estancia? _____

8. Si tengo un parto por cesárea sin problemas, ¿cuánto tiempo puedo estar en el hospital antes de necesitar la autorización de un doctor para prolongar mi estancia? _____

9. ¿La hospitalización autorizada empieza con la admisión o al momento del parto? _____ admisión _____ momento del parto.

10. ¿El tiempo de hospitalización adicional es autorizado si hay complicaciones? _____ si _____ no

11. Si tengo un varón y deseo circuncisión, ¿es cubierta esta operación? ____ si ____ no

12. ¿Cuál es la cobertura suministrada si mi bebé requiere hospitalización adicional? _____

13. ¿Estoy autorizada para permanecer en el hospital si mi bebé es hospitalizado? _____ si _____ no

14. ¿La cobertura incluye visitas a mi casa por una enfermera certificada? ____ si ____ no

15. ¿Cuál es el proceso para incluir mi nuevo bebé a mi póliza de seguros? _____

16. ¿Seré notificada si mis beneficios cambian? ____ si ____ no

PARA LOS COMPAÑEROS

Este es un buen tiempo para aprender más sobre el embarazo. Los dos podrían incluso leer algunos libros, de tal forma que ambos entiendan lo que está sucediendo. Hay muchas cosas que posiblemente no saben, especialmente si se trata del primer embarazo.

Entre más compartan la experiencia, mejor se sentirá la futura madre. Acompáñela en las visitas al médico, o al menos la primera vez (si puede vaya siempre). Haga sus propias preguntas.

Ayude más en las labores de la casa. Ella realmente está cansada. Su cuerpo está haciendo un gran trabajo que usted no puede ver y ella necesita mucho descanso. Es bueno que la mime, pues será de ayuda para un embarazo y un bebé más saludables.

Puede sentir que esta mujer embarazada no es la que conoce. Ella está cansada gran parte del tiempo, corriendo al baño cada 15 minutos, vomitando y tampoco desea ser tocada...

Lo mejor que puede hacer es tener paciencia. Entienda que todo esto es normal —y no durará mucho tiempo—.

Si el embarazo finaliza en un aborto, anímela a hablar acerca de lo que esto significa para ella —y también asegúrese de comentar sus propios sentimientos—. La mayoría de parejas necesitan tiempo para superar dicha pérdida.

PARA MÁS INFORMACIÓN

Our Stories of Miscarriage por Rachel Faldet and Karen Fitton.
A Child is Born por Lennart Nilsson.
Active Birth por Janet Balaskas.
The Birth Partner por Penny Simkin.
Essential Exercises for the Childbearing Year por Elizabeth Noble.
Pregnancy, Childbirth and the Newborn por Penny Simkin y otros.
Pregnancy/Day by Day por Sheila Kitzinger y Vicky Bailey.
While Waiting por George E. Verrilli, MD, y Anne Marie Mueser.

El segundo trimestre

Los meses cuarto, quinto y sexto del embarazo son a menudo la época "dorada" para muchas mujeres. Ahora han desaparecido las náuseas y el cansancio que usted sentía antes, ahora tiene más energía —y finalmente comienza a *verse* embarazada—. También empieza a sentir los movimientos de su bebé en desarrollo.

ALGUNAS DE LAS PREGUNTAS RESPONDIDAS EN ESTE CAPÍTULO INCLUYEN:

- ¿Cómo está creciendo mi bebé?
- ¿Qué está sucediendo con mi cuerpo?
- ¿Es normal sentirse triste?
- ¿Cómo preparo a mis otros hijos para un nuevo bebé?
- ¿Qué pruebas hará mi médico?

EL DESARROLLO DE SU BEBÉ

A COMIENZOS DEL cuarto mes, el latido del corazón de su bebé puede ser oído con un estetoscopio. El cerebro es semejante al de un adulto, pero más pequeño. El feto mide cerca de 8½ pulgadas de largo, pesa 6 onzas y tiene cejas y pestañas. Muchos bebés ya empiezan a chuparse el dedo pulgar.

Durante el quinto mes, alrededor de la semana 20, empezará a sentir los movimientos de su bebé. Esto suele ser llamado el "pataleo", que significa que el bebé acaba de llegar a la vida. Realmente, su hijo ya ha estado moviéndose por algún tiempo, pero era muy pequeño para poder ser sentido antes. Ahora los giros del feto le harán sentir una extraña sensación —como si tuviera una mariposa— en su abdomen. Al final del quinto mes, su bebé pesa cerca de 1 libra y mide aproximadamente 12 pulgadas.

Un cubrimiento protector llamado **vernix** se desarrolla durante el sexto mes de embarazo. Este material, semejante a queso crema, permanecerá sobre el feto hasta el nacimiento, evitando que su piel se seque. La piel de su bebé es ahora rojiza y arrugada. Los ojos están abiertos y son sensibles a la luz. Los oídos están desarrollados y su bebé puede escuchar sonidos. Es un buen tiempo para que le converse, o incluso le cante, al nuevo ser dentro de usted.

Su bebé ya es un individuo, con huellas dactilares únicas, a finales del sexto mes. Su longitud es cercana a las 14 pulgadas y pesa aproximadamente 2 libras.

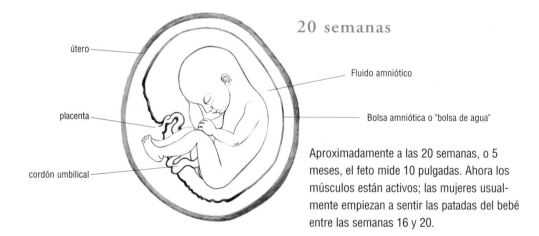

20 semanas

útero

Fluido amniótico

placenta

Bolsa amniótica o "bolsa de agua"

cordón umbilical

Aproximadamente a las 20 semanas, o 5 meses, el feto mide 10 pulgadas. Ahora los músculos están activos; las mujeres usualmente empiezan a sentir las patadas del bebé entre las semanas 16 y 20.

LO QUE LE ESTÁ SUCEDIENDO CON SU CUERPO

FINALMENTE, ya parece una mujer embarazada. Sus senos son grandes (aunque pueden no haber crecido más después de los primeros dos meses) y su barriga está redondeada. La mayoría de mujeres empiezan a usar ropa de maternidad en el segundo trimestre del embarazo.

Ya sea que use o no ropa de maternidad, asegúrese de escoger prendas cómodas que no le aprieten.

Físicamente, el segundo trimestre del embarazo es una época "dorada". Las náuseas iniciales usualmente desaparecen antes o durante el cuarto mes y de repente se sentirá *hambrienta*. La fatiga causada por su ajuste hormonal se ha ido y ahora puede sentirse con mucha energía.

Mantenga comida saludable para satisfacer el apetito —frutas y verduras al natural, no pasabocas salados—. Tal vez le ha sido difícil llevar una dieta balanceada durante el primer trimestre, cuando tenía náuseas. Ahora es el momento para comer bien.

Algunos de los cambios físicos que puede experimentar durante el segundo trimestre de su embarazo incluyen:

ACIDEZ ESTOMACAL

A medida que su bebé crece, su estómago es presionado y el ácido estomacal puede pasar al esófago, causando una sensación de ardor en la parte superior de su abdomen. Ingerir frecuentemente comidas pequeñas es de gran ayuda. No se acueste justo después de comer y duerma con su cabeza un poco levantada, para evitar que se suba el flujo de ácido estomacal. Hable con su médico acerca de antiácidos, en caso que los cambios en su dieta no sean de ayuda

ESTREÑIMIENTO

Las hormonas hacen que su sistema digestivo trabaje más lentamente y el estreñimiento es un problema común durante el embarazo. Usted puede aliviar este malestar tomando mucho líquido, comiendo alimentos ricos en fibra (por ejemplo salvado), pasas, frutas al natural y haciendo ejercicio diariamente.

¿Qué está sucediendo con mi cuerpo?

12 a 16 semanas

16 a 20 semanas

20 a 24 semanas

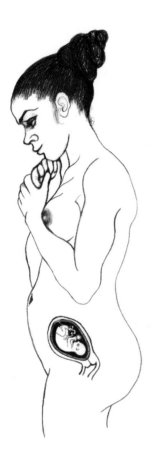 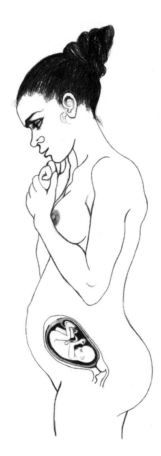 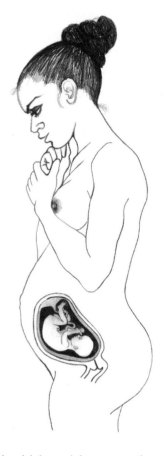

A los 4 meses, probablemente habrá aumentado cerca de 9 libras. Menos de 2 libras corresponden al bebé, la placenta y el fluido amniótico; el resto del peso es debido al mayor volumen de sangre y tejido graso que la preparan para alimentar a su bebé.

Alrededor de las 20 semanas, su útero está cerca al nivel de su ombligo y su abdomen se está hinchando. Si los demás no habían notado que usted estaba embarazada, es probable que ahora lo hagan.

La piel de su abdomen se estira a medida que su bebé crece y usted puede ver rayas rojas, o marcas, sobre su abdomen. Si su piel es clara, estas marcas se volverán plateadas después que el bebé nazca. Si su piel es oscura, las marcas permanecerán oscuras.

CAMBIOS EN LA PIEL

Los cambios hormonales pueden alterar su piel. Podría desarrollar manchas —o las que tiene pueden aclararse—. Algunas mujeres experimentan un oscurecimiento de la cara o el abdomen. Es común la piel seca y la picazón. Algunos de estos problemas pueden ser aliviados con una buena rutina de cuidado cutáneo. Lave su piel con un jabón suave (no use jabón desodorante) y agua tibia (no caliente). Luego utilice una crema hidratante; es probable que una sin fragancia le cause menos picazón. Recuerde que estos problemas cutáneos desaparecerán cuando el bebé nazca.

DOLOR DE LIGAMENTO

Los ligamentos que ayudan a apoyar el útero se estiran a medida que su bebé crece y a veces esto puede causar un dolor agudo en uno o los dos lados del útero. Es probable que sienta este dolor cuando haga movimientos rápidos, o al estornudar o toser. Esta molestia es común cerca al quinto mes de embarazo, pero también puede presentarse después. Si siente un dolor, inclínese hacia el lado que le duele o lleve su rodilla al pecho. También pueden ser de ayuda una compresa tibia o una botella con agua caliente sobre el área afectada.

PREPARÁNDOSE PARA AMAMANTAR A SU BEBÉ

SI CREE QUE le gustaría amamantar a su bebé, puede empezar a preparar sus senos ahora, para hacer agradables y cómodas sus primeras experiencias como lactante.

La mejor preparación para la lactancia es llevar una dieta bien balanceada y saludable, dormir lo suficiente y aprender a relajarse. Su cuerpo hará el resto.

Usted deberá:

Mantener limpios sus senos, pero lavándolos sólo con agua tibia.

Sus pezones tienen glándulas especiales que crean una sustancia que ayuda a mantenerlos suaves y protegidos de infecciones. No necesita removerla con jabón.

Apoyar sus senos con un buen sostén.

Si normalmente tiene senos pequeños, tal vez deba comprar un sostén que le brinde más apoyo. No se trata de incómodos sostenes con alambres, sino de aquellos hechos con fibras naturales —como algodón— y amplios tirantes.

EMOCIONES

EL SEGUNDO TRIMESTRE de embarazo es un período en el que probablemente se sentirá enfocada exteriormente. Su apariencia es la de una mujer embarazada, los demás comentan sobre su embarazo y le dan consejos y la felicitan. Tiene más energía, así que es posible que haga más cosas que durante el primer trimestre. Puede ser una época muy feliz.

Cuando empiece a sentir el movimiento de su bebé, se hace más real el hecho de que su vida va a cambiar con este nuevo ser. Algunos días esto puede sentirse maravilloso, otros como algo espantoso. Es normal que en ocasiones esté decaída, incluso cuando todo está saliendo bien.

¿Es normal sentirse triste?

Es importante que hable acerca de sus preocupaciones con otras personas —su compañero, amigos, familiares y personal médico—. Si no tiene apoyo, su doctor puede remitirla a agencias y servicios que son de mucha ayuda.

Espiritualidad

Mientras usted celebra los cambios ocurridos en su vida, podría también tener una sensación de pérdida de vez en cuando. Puede preocuparse por la transformación de su cuerpo y por la incertidumbre de si será o no permanente. Tal vez note un cambio en las relaciones con sus seres amados. Podría preguntarse cómo se las arreglarán sus compañeros de trabajo mientras usted tiene el permiso de maternidad.

Tener un bebé significa sepultar lo viejo para darle paso a lo nuevo. Esto puede traer mucha alegría, pero también tristeza y ansiedad. Asegúrese de fortalecerse para enfrentar los cambios que se aproximan. Algunas mujeres usan la oración o la meditación para hacer frente a la pérdida o ansiedad, otras llevan un diario. Incluso hay quienes evocan a un poder superior o a un ser amado fallecido para que las guíen a través de estos momentos.

Sus otros hijos

Usted puede haber esperado para hablar de su nuevo bebé, pero ahora empieza a verse diferente y otros adultos hacen comentarios sobre el embarazo. Usualmente es el momento de compartir la noticia con sus otros hijos.

Enfatice lo positivo —"van a tener un hermano o una hermana"— para que ellos no vean el nuevo bebé como un intruso. Recuérdeles todos los días que los ama, diciéndoselos, abrazándolos, brindándoles su atención.

Las siguientes son algunas de las formas de ayudar a que sus hijos acepten la idea de un nuevo bebé:

- *Hable con ellos acerca del bebé. Déjeles sentir los movimientos del bebé.*
- *Si va a hacer cambios importantes, como ubicarlos en una alcoba diferente, no lo haga justo antes del nacimiento.*
- *Lea junto a sus hijos libros acerca de nuevos bebés.*
- *Muéstreles fotos de ellos mismos recién nacidos y hábleles acerca de aquellos momentos.*
- *Llévelos al área de partos para que conozcan dónde podrán visitarla.*

¿Cómo preparo a mis otros hijos para un nuevo bebé?

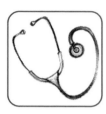

¿Qué pruebas
recomendará
el médico?

¿Qué es un
ultrasonido?

VISITAS A LA CLÍNICA

PROBABLEMENTE verá a su médico una vez al mes durante esta parte de su embarazo.

En cada visita se examinará su presión sanguínea, peso y orina. El doctor escuchará el corazón del bebé, medirá su crecimiento y le hará preguntas a usted acerca de los movimientos que suele hacer. Durante este período pueden ser recomendadas algunas pruebas especiales. Estas incluyen:

PRUEBA DE TRIPLE EXAMEN

Esta prueba sanguínea es hecha para determinar el síndrome de Down (mongolismo) y anormalidades en la columna vertebral. Puede ser hecha en cualquier momento entre las semanas 15 y 21 de embarazo, pero lo ideal es a las 16 semanas.

El triple examen no es una prueba exigida, pero se ofrece a todos los pacientes. Realmente es una combinación de tres pruebas: alfafetoproteína (AFP), suero estriol no conjugado, y gonadotropina coriónica humana (GCH). La AFP puede indicar anormalidades en la columna vertebral; las tres pruebas son necesarias para determinar el riesgo de síndrome de Down.

El triple examen predice el riesgo de anormalidades, no establece si su bebé realmente tiene una. Si el riesgo es alto, se realizarán otras pruebas para diagnosticar cualquier problema.

ULTRASONIDO

Un ultrasonido puede ser realizado durante el primer o segundo trimestre de embarazo. No es una prueba de rutina, y será hecha sólo si su médico obstetra la considera necesaria. El ultrasonido usa ondas sonoras de alta frecuencia para producir una imagen de su bebé. (Vea en la página 30 más acerca de la prueba de ultrasonido).

AMNIOCENTESIS

Esta prueba es usada para diagnosticar ciertos desórdenes genéticos o, en el embarazo avanzado, para examinar otros aspectos de la salud del bebé.

Se utilizará un anestésico local, como la novocaína, para entumecer la piel en su abdomen. Luego se introducirá una aguja delgada a través de su abdomen para extraer una cantidad pequeña de líquido amniótico para ser examinado en un laboratorio. Con esta prueba hay riesgo para el bebé, por ello es realizada únicamente si es médicamente necesaria. Su especialista discutirá con usted el procedimiento y los riesgos, si es sugerida la amniocentesis.

CLASES DE PARTO

ES EL MOMENTO para que tome parte en la variedad de clases de preparación para el parto. El personal de la clínica puede remitirla a las adecuadas para usted.

PARA LOS COMPAÑEROS

DISFRUTE este período "dorado" del embarazo con su pareja, pero recuerde que ella aún necesita atención adicional. Es un buen tiempo para que ambos hagan planes sobre la llegada del nuevo miembro de la familia. Podría decorar la habitación del bebé, conseguir parte del equipo que necesitarán (una camacuna, una sillita de ruedas, un caminador, una silla especialmente diseñada para el automóvil) y empezar a averiguar sobre el cuidado diario en guarderías.

Una de las mejores cosas que ahora puede hacer para su pareja es apoyarla y motivarla a desarrollar un estilo de vida saludable. Camine con ella, planee comidas apropiadas, vaya a la tienda de comestibles y ayude a seleccionar alimentos sanos, en lugar de grasosos y no nutritivos. Será bueno para ambos.

Si ya hay niños en casa, ayude a recordarles cuánto los aman. Motívelos a hablar acerca del bebé. Escuche sus temores y preocupaciones acerca de este nuevo miembro del hogar.

Haga planes para ir a las clases sobre parto junto a su compañera. Y mientras tanto, vaya con ella a todas las visitas médicas que pueda.

PARA MÁS INFORMACIÓN

A Child is Born por Lennart Nilsson.
Active Birth por Janet Balaskas.
The Birth Partner por Penny Simkin.
Essential Exercises for the Childbearing Year por Elizabeth Noble.
Pregnancy, Childbirth and the Newborn por Penny Simkin y otros.
Pregnancy/Day by Day por Sheila Kitzinger y Vicky Bailey.
While Waiting por George E. Verrilli, MD, y Anne Marie Mueser.

Los últimos tres meses

Su cuerpo se está agrandando —puede pensar que está *enorme*— y no haya el momento para que llegue el bebé. Al mismo tiempo, podría estar nerviosa e incluso un poco triste por el final de esta etapa de su vida. Hay muchas cosas por hacer antes que nazca el bebé, así que es un tiempo muy ocupado para usted.

ALGUNAS DE LAS PREGUNTAS RESPONDIDAS EN ESTE CAPÍTULO INCLUYEN:

- ¿Cómo está creciendo mi bebé?
- ¿Es normal que mis pies se hinchen?
- ¿Qué hago para alistarme a la llegada del bebé?
- ¿Qué pasa si voy a dar a mi bebé en adopción?
- ¿Qué tan a menudo veré a mi médico?

EL DESARROLLO DE SU BEBÉ

DURANTE EL ÚLTIMO trimestre del embarazo, su bebé está creciendo y haciéndose más fuerte. Aunque los órganos y sistemas del feto están desarrollados, necesitan estas semanas finales para madurar antes de un nacimiento saludable. Un bebé prematuro que nazca al final del séptimo mes puede vivir, pero es más probable que viva si el alumbramiento ocurre al final del octavo.

¿Cómo está creciendo mi bebé?

Terminando el octavo mes, su bebé puede pesar 5 libras y medir 18 pulgadas. Al final del noveno mes, un niño recién nacido en promedio pesa cerca de 7½ libras. El suyo puede ser incluso más pesado.

Usted puede sentir que su bebé tiene hipo durante las últimas 8 ó 10 semanas del embarazo, además de patear y presionar fuertemente su abdomen.

Durante el noveno mes, la cabeza del feto se desliza a su pelvis, preparándose para el inicio del parto.

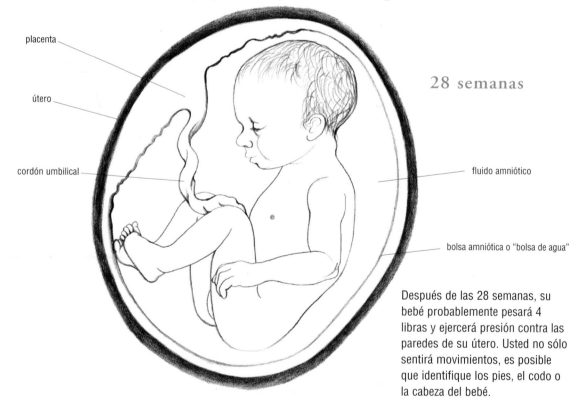

placenta

útero

cordón umbilical

28 semanas

fluido amniótico

bolsa amniótica o "bolsa de agua"

Después de las 28 semanas, su bebé probablemente pesará 4 libras y ejercerá presión contra las paredes de su útero. Usted no sólo sentirá movimientos, es posible que identifique los pies, el codo o la cabeza del bebé.

LO QUE LE ESTÁ SUCEDIENDO CON SU CUERPO

EL SOLO HECHO de levantarse de una silla es un gran trabajo durante el último o los dos meses finales de su embarazo. Su bebé es aun más grande y usted puede sentirse incómoda. Puede ser más difícil dormir por no poder encontrar una posición adecuada. Sus pies se cansan. A medida que el bebé se acomoda para el parto, su vejiga es presionada y debe ir más frecuentemente al baño.

La mayoría de dificultades físicas en el último trimestre de embarazo son el resultado del creciente tamaño del feto —y de usted—. Algunas de las cosas que puede experimentar incluyen:

DOLOR DE ESPALDA

Usted tiende a caminar, pararse y sentarse de manera diferente estando embarazada y esto puede afectar los músculos de su espalda. A veces la cabeza del feto puede presionar su columna vertebral, causándole dolor en la parte baja de la espalda. Trate de mantener derechos los hombros y evite usar zapatos con tacones altos.

ORINA FRECUENTE

La posición del bebé cambia al final del embarazo y ejerce presión sobre su vejiga, por ello orinará más a menudo. No retenga la orina, podría originar una infección en la vejiga. Tome mucho líquido y trate de vaciar su vejiga por completo cada vez que orine.

CONTRACCIONES

Los músculos de su útero se estiran y relajan conh frecuencia durante el embarazo, aunque usualmente sentirá las contracciones sólo a partir del cuarto mes o después. Las llamadas **contracciones Braxton-Hicks**, movimientos irregulares, no se hacen más fuertes ni son señales de parto. Usted puede continuar sus actividades normales, especialmente caminar. (Para más información sobre contracciones tempranas, vea la sección de parto prematuro al iniciar la página 51).

VÁRICES

Su circulación más lenta y la presión de su bebé en crecimiento pueden causar **várices**, usualmente al final del embarazo. Evite estar parada mucho tiempo, no se siente con sus piernas cruzadas y trate de descansar una que otra vez con ellas hacia arriba. Su médico puede recomendarle usar medias elásticas.

24 a 28 semanas   28 a 32 semanas   32 a 36 semanas

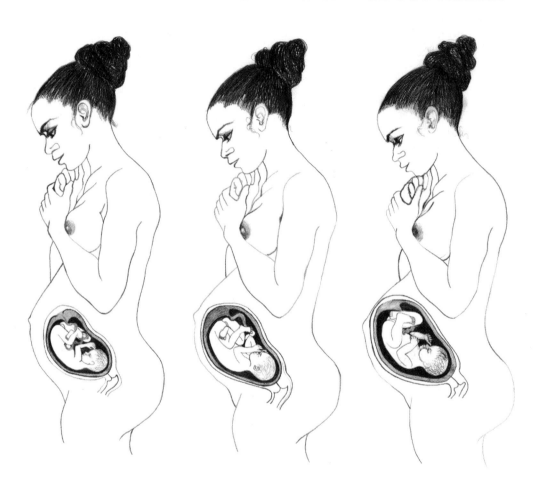

Durante estos últimos meses, su bebé casi puede duplicar el peso. Usted está más pesada, pero no sólo debido al crecido feto, sino también a un incremento de grasa corporal y volumen sanguíneo. La cabeza del bebé ejerce presión contra su vejiga, lo cual la hace ir más a menudo al baño y la parte trasera del feto presiona su diafragma, cortándole un poco la respiración.

HEMORROIDES

Ahora el crecimiento de su bebé y el aumento en su suministro de sangre ejercen presión sobre las venas en su recto. Muchas mujeres desarrollan hemorroides. Usted puede ayudar a evitarlas comiendo alimentos que impidan el estreñimiento. Los ejercicios Kegel (ver pág. 11), que fortalecen los músculos del ano y la vagina, también pueden ser de gran ayuda. Si tiene hemorroides, una compresa helada, un baño en la tina, o un trapo empapado con hamamelis de Virginia frío le serán útiles. Evite dormir de espaldas, esto puede agravar las hemorroides. Pregúntele a su médico sobre qué medicina podría ayudarla en este momento.

CALAMBRES EN LAS PIERNAS

Los calambres en las piernas usualmente ocurren cuando usted está en cama. Su cuerpo casi no absorbe calcio en el período de embarazo y su carencia puede causar calambres. Comer y beber alimentos con calcio —verduras hojosas, frutas frescas, nueces, judías y productos lácteos como leche, queso y yogur— pueden prevenirlos. Si tiene un calambre, permanezca en calma y mueva los dedos de los pies hacia usted. Esto estira los músculos y libera el calambre.

HINCHAZÓN

Algunas mujeres encuentran que sus zapatos ya no les sirven. Durante el embarazo es normal la hinchazón en sus pies, tobillos y piernas. A medida que su útero crece, hay una presión sobre los vasos sanguíneos de las piernas. Trate de no estar parada por mucho tiempo y cuando se siente o acueste, ponga sus pies arriba y no cruce las piernas. Use ropa ligera. Tomar mucho líquido no aumenta la hinchazón, por el contrario ayuda a reducirla, pues sus riñones se mantienen funcionando bien. Si observa un cambio en la hinchazón —incluyendo la de su cara y manos— o si aumenta de peso repentinamente, llame a su médico enseguida.

¿Es normal que mis pies se hinchen?

SENOS GOTEANDO

Sus senos se están alistando para alimentar un bebé y pueden gotear un líquido claro o amarillento llamado **calostro** al final de su embarazo. Esto es normal pero puede ser embarazoso. Un pedazo de tela de algodón en su sostén absorberá el goteo. Lave el líquido seco de sus pezones con agua tibia, pero no use jabón.

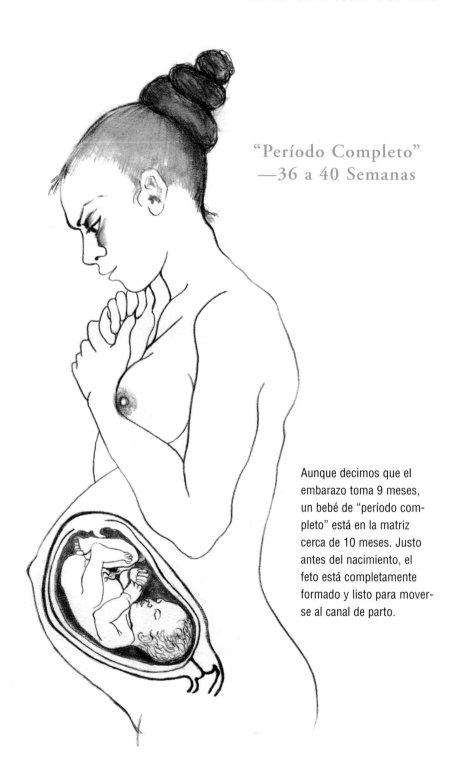

"Período Completo" —36 a 40 Semanas

Aunque decimos que el embarazo toma 9 meses, un bebé de "período completo" está en la matriz cerca de 10 meses. Justo antes del nacimiento, el feto está completamente formado y listo para moverse al canal de parto.

ALISTARSE PARA EL BEBÉ

PUEDE HABER mucho por hacer antes que su bebé nazca.
Necesitará tener un lugar para que él duerma, cobijas, pañales,
ropa, un caminador... la lista puede parecer larga.

Las clases sobre parto son recomendadas durante el último
trimestre. Usted y su compañero —o quienquiera que sea su instructor de parto— aprenderán lo que se ha de esperar cuando el
bebé nazca y conocerán otras personas que están pasando por lo
mismo. Las clases le recordarán que aún hay decisiones por
tomar, tales como:

- **Si mi hijo es varón, ¿debería practicársele la circuncisión?**
- **¿Debería yo amamantar?**
- **Si regreso al trabajo poco después que el bebé nazca,
  ¿a quién buscaré para el cuidado diario?**

Este es un buen tiempo para obtener información acerca de
estas decisiones. Pregúntele a su médico acerca de la circuncisión y también lea algo sobre el tema. Su doctor puede dirigirla
a un especialista en lactancia, o a clases, así que puede sentirse
más tranquila acerca de esta práctica, incluso antes del nacimiento del bebé. Visite centros de cuidado diario ahora, o vaya
al lugar donde dejará a su hijo mientras trabaja. Conozca el tipo
de cuidado que reciben los otros niños y vea si para usted todo
es apropiado.

Si no ha seleccionado una persona idónea para su bebé, este
es el momento, de tal forma que él o ella pueda empezar a aten-
derlo en el hospital.

Si está preparada podrá sentirse más relajada. Congele comida adicional, para que no tenga que preocuparse por cocinar
cuando regrese a casa con su nuevo hijo. Almacene provisiones
para usted misma, tales como toallas higiénicas, sostenes de
maternidad, compresas que pueden ser calentadas o enfriadas y
suministros para su bebé.

Si está planeando usar pañales desechables, espere gastar de 8
a 10 por día y tenga al menos desechables del tamaño más
pequeño para una semana, listos para su recién nacido.

¿Qué hago para
alistarme a la
llegada del bebé?

Si va a utilizar pañales de tela y los va a lavar usted misma, piense qué tan a menudo deberá hacerlo. Cerca de 4 docenas le evitarán tener que lavar pañales todos los días, teniendo una buena cantidad limpios. Si emplea un servicio de pañales, éste le proveerá los necesarios.

Para la primera ropa de su bebé, consiga camisas simples de bajo costo y camisones. Se sorprenderá de lo rápido que le quedará pequeña la ropa a su hijo. Probablemente cambiará la vestimenta de su bebé 2 ó 3 veces al día, por eso puede necesitar una buena cantidad de ropa disponible para no tener que lavar todos los días.

En fiestas y ventas de garaje conseguirá gran parte de los suministros que necesita. Sin embargo, asegúrese de que cualquier artículo usado cumpla las normas de seguridad federales.

Necesitará un asiento para bebé aprobado por el gobierno federal, si planea llevarlo en auto a casa desde el hospital.

ADOPCIÓN

SI VA A DAR a su bebé en adopción, es importante tener un plan general para que su estancia en el hospital sea más fácil. Si no lo ha hecho aún, en el comienzo del último trimestre de su embarazo es cuando debería trabajar con una agencia social o un abogado, para aprender acerca de sus opciones al ceder el bebé a una familia.

¿Qué pasa si voy a dar a mi bebé en adopción?

Algunas preguntas a considerar incluyen:
- **¿Cuánto contacto desea tener con el bebé durante su estancia en el hospital?**
- **¿Qué tipo de familia quiere para su bebé?**
- **¿Qué sentimientos tiene respecto a dejar su hijo al cuidado de otra familia?**
- **¿Cómo se despedirá de su bebé? o ¿continuará teniendo contacto con él?**

Hable con el personal médico acerca de los planes de adopción, para que puedan apoyarla en los últimos meses de embarazo, en el hospital y durante las primeras semanas en casa. Este puede ser un período difícil para usted. Puede ser de ayuda que hable con otras personas acerca de sus sentimientos.

PARTO PREMATURO

EL PARTO es considerado "prematuro" si ocurre antes de 3 semanas de la fecha esperada —antes de 37 semanas de embarazo—. No todo parto prematuro significa un nacimiento prematuro. A menudo el alumbramiento puede ser detenido y se le puede dar al bebé más tiempo para que se desarrolle y crezca antes de nacer.

¿Qué pasa si mi bebé nace prematuramente?

Si tiene sangrado vaginal o pérdida de fluido por la vagina, debe llamar al médico de inmediato. Otros síntomas de parto prematuro son a veces difíciles de reconocer, porque parecen molestias normales del embarazo. Por lo general, la única diferencia es la intensidad, frecuencia y duración del síntoma. Esté atenta a las siguientes señales:

- **Cambio en el flujo vaginal**
  Si el flujo es acuoso o sangriento, llame a su médico inmediatamente.

- **Aumento de la presión pélvica, durante una hora**
  Esta es una sensación muy fuerte, como si su bebé le presionara la espalda, los muslos y la parte inferior del abdomen.

- **Calambres, parecidos a los menstruales, durante una hora**

- **Dolor de espalda continuo debajo de la cadera por una hora**
  La mayoría de mujeres tienen dolor de espalda durante el embarazo. Un dolor intermitente en la parte baja de la espalda que no desaparece cuando cambia de posición, puede ser una señal de parto prematuro.

- **Cinco o más contracciones o sensaciones de presión en una hora**

- **Calambres intestinales, durante una hora**
  Puede ser diarrea, pero no necesariamente.

- **"Algo no se siente bien" o "se siente diferente"**
  Confíe en sus instintos y llame a su médico.

Si tiene algunos de estos síntomas, vacíe su vejiga, tome un vaso de agua, acuéstese de lado durante una hora y ponga atención a las contracciones u otros síntomas. Mida la frecuencia de las contracciones. Si ha tenido 5 ó 6 durante la hora, o aún tiene otros síntomas, llame al médico.

CÓMO AYUDAR A PREVENIR UN PARTO PREMATURO

- *Tome de 8 a 10 vasos de líquido al día.* Preferiblemente agua, leche y jugos. No tome en un solo día más de 2 ó 3 bebidas con cafeína tales como el café o la cola.
- *Prevenga y trate el estreñimiento.*
- *Orine con frecuencia.*
- *Disminuya el estrés en su vida.*
- *Evite actividades arduas si causan contracciones.*
- *Deje de fumar.*
- *NO prepare los pezones para la lactancia.* (Algunos libros lo recomiendan, pero la estimulación puede causar parto prematuro).
- *Informe al médico en caso de señales de infección en la vejiga.*
- *Coma alimentos nutritivos con regularidad.*
- *Esté atenta a las contracciones y señales de advertencia.* Si siente estirones u otros síntomas, haga lo siguiente durante 30 minutos:
  - *Acuéstese sobre su lado izquierdo con una almohada detrás de la espalda como apoyo.*
  - *Coloque las yemas de los dedos sobre su abdomen.*
  - *Si su útero se siente apretado o duro, como un puño y luego se relaja de nuevo, está teniendo una contracción.*
  - *Tome el tiempo entre contracciones.* (Vea en la página 67 información sobre cómo medirlas).

Es normal tener algunas contracciones durante el embarazo, pero más de 5 ó 6 en una hora son demasiadas y debería llamar a su médico.

Si está en riesgo de tener un parto prematuro, su especialista puede darle más instrucciones específicas.

VISITAS A LA CLÍNICA

ALREDEDOR DEL octavo mes de embarazo, empezará a ver al médico obstetra cada dos semanas. Durante el último mes las visitas serán cada semana. Se aconseja que su compañero también atienda estas visitas.

Serán tomadas las usuales mediciones de peso y presión sanguínea y le examinarán la sangre y la orina. El médico escuchará los latidos del corazón del bebé y también medirá su crecimiento.

Si su sangre es RH negativo, cerca al inicio del séptimo mes de gestación, o 28 semanas, su médico recomendará que tenga una inyección de RHoGAM. Esto evitará la acumulación de anticuerpos contra su bebé, en caso de que la sangre de éste sea RH positivo.

Los exámenes pélvicos hechos por el médico durante el último mes de embarazo pueden ayudar a determinar cuándo nacerá su hijo. A medida que se acerca esta fecha, la cerviz se hace más delgada y empieza a abrirse. Estos procesos son llamados adelgazamiento y dilatación (abertura). Podrá oír que el médico dice cosas como "usted tiene un adelgazamiento del 30 por ciento", o "la dilatación es un centímetro".

EXAMEN DE DIABETES GESTACIONAL

La diabetes gestacional se presenta en un 12 por ciento de los embarazos en los Estados Unidos y puede ser preocupante para la salud de la madre y el bebé. Si se diagnostica tempranamente, pueden prevenirse las complicaciones durante la gestación.

Antes de su visita, una enfermera de la clínica le dará instrucciones acerca de la prueba, que usualmente es realizada a las 28 semanas. En la clínica, deberá tomar una solución azucarada y luego, una hora después, le será tomada una muestra de sangre. A menudo los resultados están disponibles inmediatamente. Si el nivel de azúcar en la sangre resulta alto, pueden hacerse pruebas adicionales.

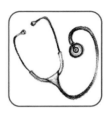

¿Qué tan a menudo veré a mi médico?

PARA LOS COMPAÑEROS

ALISTARSE PARA la llegada del bebé es algo que los dos pueden hacer juntos. Pinten una alcoba, busquen una camacuna, reúnan lo que necesitarán cuando el bebé nazca.

Puede ser divertido que cocinen juntos, preparando comidas que puedan congelar y usar durante las primeras semanas después del parto. Es probable que se encuentre muy ocupado, al igual que su pareja, con la llegada del nuevo miembro de la familia. Su compañera y el bebé necesitarán atención. Incluso si es un buen cocinero, podrá verse escaso de tiempo y por ello las comidas preparadas serán muy prácticas.

Pregúntele a su pareja qué puede hacer por ella: tal vez frotar su espalda, ir a comprar alimentos, o bañar los otros niños.

Asista a las clases sobre parto y asegúrese de que ambos practiquen los ejercicios de respiración y relajación que les han enseñado. Existe la tendencia a pensar que no tienen que practicar, que todo fluirá naturalmente, pero será mucho mejor para los dos saber que están haciendo.

Visite con su compañera el lugar donde nacerá el bebé. Averigüe qué debería llevar para hacer más cómodo el nacimiento.

PARA MÁS INFORMACIÓN

Born Early por Lida Lafferty y Bo Flood.
A Child is Born por Lennart Nilsson.
Active Birth por Janet Balaskas.
The Birth Partner por Penny Simkin.
Essential Exercises for the Childbearing Year por Elizabeth Noble.
Pregnancy, Childbirth and the Newborn por Penny Simkin y otros.
Pregnancy/Day by Day por Sheila Kitzinger y Vicky Bailey.
While Waiting por George E. Verrilli, MD y Anne Marie Mueser.

www.childbirth.org
www.lamaze-childbirth.com (Lamaze, Inc. 1-800-368-4404)
www.icea.org (International Childbirth Education Association 1-800-624-4934)
www.fairview.org (Fairview Health Services)

Manteniendo registros de su embarazo

Las siguientes páginas están diseñadas para que usted lleve notas de sus pensamientos, eventos y cambios durante su embarazo. Algunas pueden ser usadas para ayudar a que usted y el obstetra trabajen juntos; otras le permitirán recordar sus esperanzas y sueños acerca del bebé.

USTED Y SU MÉDICO

PREGUNTAS QUE TIENE ACERCA DE ESTE EMBARAZO

Cuando piense cosas que quiere recordar para preguntárselas a su médico, escríbalas en ésta sección. Lleve consigo este libro a cada examen prenatal.

LO QUE ESTÁ SINTIENDO

Será de ayuda para su médico si usted lleva un registro de lo que le está sucediendo a su cuerpo. Use este espacio para anotar todo aquello de lo que podría necesitar hablar. ¿Siente náuseas? ¿Cuándo? ¿Algún dolor inusual? ¿Problemas para dormir? o ¿duerme a todo momento?

_____

_____

_____

_____

_____

_____

_____

_____

_____

_____

_____

_____

_____

_____

_____

_____

_____

_____

_____

_____

_____

_____

_____

VISITAS A LA CLÍNICA

Use este espacio para registrar cada visita a su médico.

Fecha de visita: Peso:

Exámenes hechos:

Comentarios del médico:

Fecha de visita: Peso:

Exámenes hechos:

Comentarios del médico:

Fecha de visita: Peso:

Exámenes hechos:

Comentarios del médico:

Fecha de visita: Peso:

Exámenes hechos:

Comentarios del médico:

Fecha de visita: Peso:

Exámenes hechos:

Comentarios del médico:

Fecha de visita: Peso:

Exámenes hechos:

Comentarios del médico:

Fecha de visita: Peso:

Exámenes hechos:

Comentarios del médico:

Fecha de visita: Peso:

Tests done:

Comentarios del médico:

Fecha de visita: Peso:

Exámenes hechos:

Comentarios del médico:

Fecha de visita: Peso:

Exámenes hechos:

Comentarios del médico:

Fecha de visita: Peso:

Exámenes hechos:

Comentarios del médico:

Fecha de visita: Peso:

Exámenes hechos:

Comentarios del médico:

LOS MOVIMIENTOS DE SU BEBÉ

AL COMIENZO del tercer trimestre de su embarazo, contar los movimientos del bebé la ayudará a confirmar su bienestar. Escoja la hora del día en la que probablemente el bebé está más activo. Siga estos pasos a la misma hora todos los días:

1. Escriba la hora en que empieza el registro.
2. Acuéstese sobre su lado izquierdo.
3. Cuente 10 movimientos del bebé (balanceos, patadas, etc.). No tenga en cuenta el hipo.
4. En el registro, anote la hora en que su bebé ha completado 10 movimientos.
5. **Fumar no es recomendable durante el embarazo. Si usted fuma, no la haga durante al menos una hora antes de contar los movimientos del bebé.**

CUÁNDO LLAMAR AL MÉDICO

- Si toma más de una hora sentir 10 movimientos.
- Si hay un cambio en el patrón normal de movimientos del bebé.
- Si hay un aumento repentino de movimientos bruscos seguidos por la ausencia de movimiento.

Fecha	Hora de iniciación	Hora de finalización	Minutos para sentir 10 movimientos	Comentarios

ESPERANZAS Y SUEÑOS

¿A QUÉ CLASE de casa desea llevar a su bebé? ¿Qué puede hacer
para prepararse respecto a ello?

_____

_____

_____

_____

_____

_____

¿Cuáles son las cosas más importantes que puede hacer para su bebé?

_____

_____

_____

_____

_____

_____

¿Si pudiera accionar una varita mágica sobre su bebé, qué desearía?

_____

_____

_____

_____

_____

_____

PREFERENCIAS PARA EL NACIMIENTO DE SU BEBÉ

ASEGÚRESE de que el personal médico que la atiende esté informado acerca de sus preferencias antes de ir al parto.

¿Qué le gustaría que el personal médico conociera acerca de usted?

_____

_____

Describa algunos de sus temores y preocupaciones respecto al parto.

_____

_____

Durante la primera etapa del parto, cuáles son sus preferencias para:
Comodidad:

_____

_____

Intervenciones médicas:

_____

_____

Durante la segunda etapa del parto, cuáles son sus preferencias para:
Comodidad:

_____

_____

Intervenciones médicas:

_____

_____

¿Qué otras cosas son importantes para usted respecto a la experiencia del parto?

_____

Describa sus preferencias en caso de un evento inesperado (tal como un nacimiento por cesárea, un parto complicado y prolongado, o problemas con el bebé).

_____

PREFERENCIAS PARA EL CUIDADO DE SU BEBÉ

ASEGÚRESE de informarle al personal médico sus preferencias antes que el bebé nazca.

Describa temores y preocupaciones que pueda tener respecto a su bebé.

_____

_____

_____

_____

_____

¿Cómo le gustaría alimentar a su hijo?

_____ Lecha materna   _____ Fórmula

¿Hay exámenes o procedimientos que preferiría que tuviera o no su bebé?

_____

_____

_____

¿Qué clase de instrucción o información le gustaría recibir en el hospital (cuidados del bebé, lactancia, etc.)?

_____

_____

_____

Si tiene un varón, ¿qué piensa respecto a la circuncisión?

_____

¿Qué otras cosas considera importantes acerca del cuidado del recién nacido?

_____

_____

SU SISTEMA DE APOYO DESPUÉS DEL NACIMIENTO

ASEGÚRESE de incluir nombres y números de teléfono y no tema pedir ayuda.

¿Cuáles de los siguientes profesionales podría usted consultar después que nazca el bebé?

Instructor de parto/instructor de lactancia.

_____

Médico/enfermera partera.

_____

Especialista para después del parto.

_____

Especialista en lactancia.

_____

Líder de grupo de apoyo postparto.

_____

¿Quiénes entre sus amigos y parientes pueden ayudarle después de que salga del hospital?

_____

_____

¿Qué pueden hacer sus amigos y familiares para ayudar (por ejemplo, con la comida, compras, lavandería, transporte, etc.)?

_____

_____

_____

¿En quién confía el cuidado de su bebé para que usted pueda descansar una o dos horas?

_____

_____

¿A quién puede llamar cuando necesite alguien para hablar?

_____

_____

¿A quién puede acudir su pareja por ayuda y apoyo?

_____

_____

Llega su bebé

El proceso para llegar al parto puede tomar días, o sólo un par de horas. La experiencia de cada mujer es diferente. Y si usted ha tenido más de un hijo, sabe que incluso para la misma mujer cada parto es diferente. Con la ayuda de su compañero, personas de apoyo y el personal médico, puede estar confiada cuando llegue el momento del alumbramiento.

ALGUNAS DE LAS PREGUNTAS RESPONDIDAS EN ESTE CAPÍTULO INCLUYEN:

- ¿Cómo sabré si estoy para parto?
- ¿Qué significan "dilatación" y "adelgazamiento"?
- ¿Qué sucede durante la fase de transición?
- ¿Qué significa la "expulsión de la placenta"?
- ¿Qué sucede en un parto por cesárea?
- ¿Qué tipo de ejercicio puede hacer después de tener el bebé?
- ¿Qué pasa si no siento amor desbordante por mi hijo inmediatamente después del parto?
- ¿Por qué me siento triste?

ANTES DEL PARTO

CADA PARTO es diferente, pero hay algunas condiciones que pueden indicar que un bebé está listo para nacer. Algunas o todas las siguientes pueden ocurrir antes de iniciarse el parto.

- **Aligeramiento o ajuste.** El bebé bajará más en su pelvis, usualmente 2 a 4 semanas antes del alumbramiento. Usted puede notar que respira más fácilmente y tendrá menos acidez estomacal, pero puede tener más dolor en la parte baja de la espalda además de ir más seguido al baño.

- **Diarrea o soltura, evacuaciones frecuentes.**

- **Abundante energía.** Las mujeres llaman a esto el instinto de anidar. Repentinamente usted estará limpiando la casa o alistando el cuarto del bebé. Disfrute este flujo de energía, pero no se exceda en el trabajo ni se canse demasiado.

- **Gran aumento en el flujo vaginal.** El flujo de mucosa puede ser rosada o pardusca. Este flujo puede ser visto 3 semanas antes de empezar el parto —o el mismo día—.

- **Dolor en la parte baja de la espalda.** Use el ejercicio de relajación pélvica (ver página 12) para aliviar su espalda. También pueden ser de ayuda baños tibios, botellas con agua caliente o masajes en la espalda.

- **Ablandamiento de la cerviz.** Su médico notará esto durante un examen vaginal.

- **Ruptura de la "bolsa de agua".** El líquido amniótico puede derramarse suavemente o a borbollones. Usualmente es claro e inodoro y usted puede en principio confundirlo con orina. Debería llamar al médico inmediatamente si su fuente se rompe. Anote la hora en que observó el líquido, la cantidad y el color (claro, pardo, amarillo, verde, o rosado claro), para luego informar al médico.

- **Comienzan las contracciones.** Constantes contracciones que cada vez se hacen más largas y fuertes (dolorosas), son una señal importante de que el parto ha empezado.

- **Adelgazamiento y dilatación cervical.** La señal más confiable de que ha llegado el parto es el adelgazamiento y la abertura del cuello del útero. Esto sólo puede ser visto en un examen cervical.

Contracciones

Una contracción a veces es sentida como si el abdomen inferior fuera un puño. (Doble su brazo y saque "músculo" en la parte superior. Sienta este músculo. Así se siente una contracción en su abdomen inferior si usted colocara la mano sobre él). La contracción se liberará y se repetirá minutos más tarde. Puede sentir un dolor sordo en su espalda, que abarca hasta el frente de su abdomen y sus muslos. En un parto prematuro, las contracciones usualmente se sienten como fuertes dolores menstruales.

Las contracciones son causadas por los músculos en la parte superior de su útero, los cuales aprietan y estiran la parte inferior del mismo, haciendo abrir la cerviz y luego presionan al bebé a través de ésta.

Medir las contracciones

Necesitará medir el tiempo de sus contracciones, esto es, cuánto duran y con qué frecuencia ocurren.

La duración, de la contracción es medida desde el comienzo hasta el final de la misma. Usualmente se toma el registro en segundos.

La frecuencia, es medida desde el *comienzo* de una contracción hasta el *comienzo* de la siguiente. Se registra en minutos.

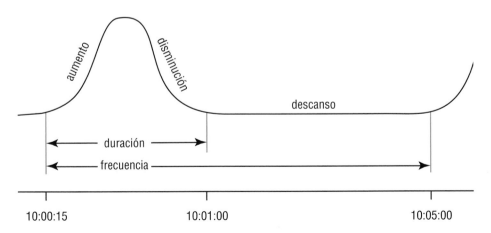

La duración, o longitud, de la contracción mostrada en la gráfica es de 45 segundos. La frecuencia, o tiempo entre el comienzo de esta contracción y el comienzo de la siguiente, es de 4 minutos y 45 segundos.

Preparto

Usted puede sentir contracciones pero no estar para parto aún. Este **falso parto** es realmente el cuerpo alistándose para el nacimiento, así que es llamado más apropiadamente **preparto**. En el verdadero parto, el tiempo entre contracciones se acorta gradualmente y éstas se hacen más fuertes. Usted puede empezar a sentir contracciones cada 15 minutos; después de una hora se dará cuenta que aparecen cada 10 minutos y debe concentrarse más para respirar y relajarse. Algunas mujeres pueden iniciar el verdadero parto con contracciones fuertes cada 3 ó 4 minutos.

Las contracciones en el preparto no se presentan con regularidad y probablemente varían de intensidad; pueden incluso disiparse después de un rato.

Caminar es una buena forma de probar si está en el proceso del verdadero parto. Si sus contracciones se hacen más fuertes mientras camina, lo más probable es que esté en el verdadero parto. Si se disipan, o parecen ser menos intensas mientras camina, probablemente se encuentra en preparto. Hablar también ayuda a probar la situación; si no puede hacerlo mientras tiene las contracciones, es probable que se trate del verdadero parto.

Si aún está insegura, llame a su médico.

Si piensa que está lista para el parto

Si piensa que está lista para el parto, su médico deseará hablar con usted para saber si debería dirigirse al hospital. El tono de su voz le da al médico información importante acerca de su parto.

Las preguntas que el médico puede hacer incluyen:

- **¿Tiene rota su fuente?**
- **¿Ha notado un aumento en el flujo vaginal?**
- **¿Qué tan regulares y cercanas entre sí son sus contracciones?**
- **¿Cuándo iniciaron sus contracciones? ¿Cuándo se hicieron constantes?**
- **¿Cómo se está sintiendo?**

PARTO Y ESPIRITUALIDAD

DURANTE EL EMBARAZO y el parto, muchas mujeres sienten que se están uniendo con fuerzas creadoras mucho mayores que ellas mismas. Algunas llaman a esto Dios o Alá; otras lo llaman Vida o el Creador. Sin considerar las creencias religiosas, un gran número de mujeres ven el parto como un evento sagrado.

Usted podría querer tomar parte en un ritual para resaltar este acontecimiento, o invocar una presencia espiritual durante el parto. Algunas mujeres escogen rituales privados; otras buscan asistencia de su comunidad religiosa. Si usa un ritual personal durante el parto, debería hacer los arreglos anticipadamente. Por ejemplo, podría planear:

- **Una oración o bendición durante el parto.**
- **Un objeto especial para tenerlo en la sala de parto.**
- **Una canción o una lectura de su libro o texto religioso favorito, para dar la bienvenida a su nuevo bebé.**

RESPIRACIÓN Y RELAJACIÓN

APRENDER CÓMO respirar y relajarse apropiadamente puede hacer que su parto sea una experiencia menos difícil. Las clases sobre parto son un excelente medio para aprender y practicar la respiración y relajación, incluso si este no es su primer bebé. Si no ha tomado dichas clases, de todos modos puede usar las técnicas de respiración y relajación —y las enfermeras la pueden ayudar—.

Si desea tener un parto y alumbramiento sin usar medicamentos para el dolor, podría necesitar estrategias para tratarlo y practicarlas anticipadamente con su pareja o persona de apoyo. Incluso si piensa usar medicamentos para el dolor, las adecuadas técnicas de respiración y relajación la ayudarán antes de recibir el medicamento, o si éste no es tan útil como esperaba.

FUNDAMENTOS DE LA RESPIRACIÓN

La respiración le suministra oxígeno a usted y su bebé. Respirar cómoda y relajadamente durante el parto ayuda a que el útero trabaje con más efectividad y la cerviz se abra más fácilmente.

Recuerde mantenerse respirando.

Es una reacción normal retener la respiración al sentir dolor, pero es de ayuda respirar durante el malestar. Respire a una frecuencia y profundidad que la haga sentir cómoda y relajada. Ésta puede variar a lo largo del parto.

Puede ser útil encontrar un punto focal, algo para mirar y concentrarse.

Este punto focal podría ser simplemente un lugar sobre la pared, pero algunas mujeres usan una foto preferida o un artículo pequeño que llevan al hospital. Otras prefieren mirarse interiormente para concentrarse.

Use una respiración de limpieza antes y después de una contracción.

"Respiración de limpieza" simplemente significa inhalar profundamente y exhalar lentamente.

Trate de relajarse entre contracciones.

cambiar el ritmo y el estilo de su respiración para ayudar a encarar el parto. Escuche lo que su cuerpo le dice y las enfermeras y el médico la apoyarán.

Algunas de las técnicas de respiración que las mujeres han usado en el parto incluyen:

- **Respiración a ritmo lento.** Esta es una extensión de la respiración de limpieza desde lo profundo de su pecho. Tome respiraciones fáciles y profundas y libérelas lentamente.

- **Respiración a ritmo uniforme.** Estas son respiraciones más superficiales desde su pecho. Diga la palabra "ji" para mantener sus respiraciones fluyendo a un ritmo uniforme.

- **Respiración a ritmo variado.** Usted puede medir el tiempo de estas respiraciones —especialmente con la ayuda del doctor o partera— contando una serie de "jis" que terminan con un resoplido. Por ejemplo: "ji, ji, ji, soplido"."

  Puede concentrarse más en su respiración variando el patrón: "ji, ji, ji, soplido—ji, ji, soplido—ji, soplido—ji, ji, ji, soplido", etc. Su doctor puede ayudarle a cambiar el patrón.

- **Respiración con la necesidad de empujar.** Usted puede tener un gran deseo de empujar, incluso antes que sea el tiempo para que el bebé nazca. Este impulso puede sentirlo como si debiera mover sus intestinos. Una cerviz que no esté completamente abierta puede hincharse si se empuja frecuentemente contra ella. Para controlar este impulso, puede mantenerse repitiendo cualquier palabra, "jadear", o hacer cortos soplos de aire como si estuviera tratando de soplar el cabello de su frente.

Las siguientes ilustraciones muestran algunas de las posiciones que usted puede emplear cuando esté de parto —o cuando simplemente necesite relajarse—. Recuerde usar una variedad de posiciones y cambiarlas frecuentemente.

Posiciones para relajación o parto

Si se sienta de espaldas sobre una silla, otra persona puede frotar su cuerpo y ejercerle contrapresión —esto es, presión firme contra la parte inferior de la espalda durante una contracción—. La contrapresión puede ser específicamente útil si siente fuertes contracciones en la parte baja de la espalda.

La posición acostada de lado, con almohadas para apoyar su cabeza y su pierna, puede ayudarla a relajarse cómodamente durante las contracciones.

Apoyada con sus manos y rodillas, esta posición puede ayudar a contrarrestar los dolores de parto en su espalda. Ayuda a aliviar la presión de la cabeza del bebé sobre su rabadilla. Cuando esté en esta posición, otra persona puede frotar su espalda o ejercerle contrapresión. Esta postura también puede permitir que el bebé se mueva a una mejor ubicación para el alumbramiento.

FUNDAMENTOS DE LA RELAJACIÓN

Usted puede usar técnicas de relajación todo el tiempo, no sólo durante el parto. Encontrará que son de ayuda en muchas situaciones, desde ir al dentista hasta enfrentar las exigencias de su nuevo bebé. Hay un número de cosas que puede hacer para facilitar la relajación.

Siéntase cómoda.

Use ropa cómoda, preferiblemente suelta. Siéntese o acuéstese en una posición en la que no se sienta presionada. Busque lugares tranquilos. Escuche música suave.

Practique con regularidad.

Practique las técnicas de relajación al menos tres veces a la semana. Hágalo a la misma hora ya sea temprano en la mañana o antes de acostarse a dormir.

Dígale a su pareja qué la ayuda a relajarse y qué la distrae.

Ponga atención a las partes de su cuerpo que reaccionan al estrés.

¿Le duele el cuello? ¿Sus piernas se vuelven rígidas?

Piense en sí misma en un lugar calmado, donde se sienta tranquila.

Imaginar que está relajada puede ayudarle a sentirse así. Algunas personas encuentran útil imaginarse a sí mismas en un lugar particular —acostadas sobre una cálida playa, caminando en un bosque tranquilo, sentadas en la cima de una montaña— que les signifique "paz".

Permanecer tan relajada como sea posible le ayudará a sentirse más cómoda y puede hacer que su parto avance más rápidamente. Las maneras en que puede estar relajada incluyen dar una caminata, recibir masajes, tomar un baño caliente, "bailar lentamente" con su compañero, o incluso tatarear o gemir una "canción de parto".

Muchas mujeres sienten que es relajante una actividad rítmica como balancearse en una silla mecedora. Recuerde respirar con una frecuencia y profundidad cómodas.

Su compañero puede ayudarla motivándola a relajarse y respirar adecuadamente y acariciándola.

Parto y alumbramiento

Hay tres etapas en el parto y tres fases —temprana, activa y de transición— durante la primera etapa. (Para más información sobre cada etapa del parto, vea las tablas de las páginas 82 y 83).

Primera etapa del parto

Durante la primera etapa, la abertura de la cerviz se está adelgazando y abriendo (dilatando), de tal forma que su bebé pueda nacer. El **adelgazamiento** es usualmente descrito en porcentajes. Si su médico le dice que usted tiene 50 por ciento de adelgazamiento, significa que la cerviz se ha adelgazado a la mitad de su espesor normal. La abertura, o **dilatación**, es usualmente descrita en centímetros —10 centímetros sería una dilatación completa—.

Para algunas mujeres, el adelgazamiento y la dilatación del cuello uterino pueden comenzar días antes del parto y ocurre muy lentamente. Para otras, puede suceder en cuestión de horas.

Su médico puede referirse a la **estación**, o qué tan bajo está su bebé en la pelvis. Cuando la cabeza del bebé está "encajada" en la **estación cero**, está listo para moverse a través de la abertura pélvica.

¿Qué significan "dilatación" y "adelgazamiento"?

Adelgazamiento

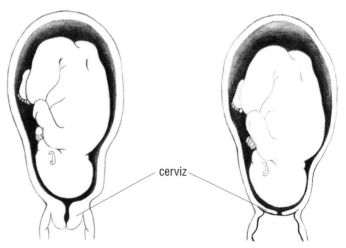

cerviz

La cerviz de la madre se adelgaza mientras el cuerpo se prepara para el nacimiento. La ilustración de la izquierda muestra una cerviz que no se ha adelgazado aún, aunque la cabeza del bebé está presionando. La cerviz de la ilustración derecha está adelgazada completamente, o sea al 100 por ciento.

FASE TEMPRANA

Cuando empiece su parto, podrá sentirse emocionada y aliviada porque finalmente llegó la hora de tener el bebé. Un baño tibio, una taza de té, una caminata, bailar lentamente, o un masaje, pueden ser de ayuda para que se relaje y su compañero podría apoyarla. Cada mujer es diferente, así que tenga bien en cuenta lo que la hace sentir más cómoda.

Estaciones de encajonamiento

La cabeza del bebé está encajada cuando está inmersa profundamente en la cavidad pélvica. Esta ilustración muestra las "estaciones" de encajonamiento. Cuando la cabeza está completamente encajada, se encuentra en la estación cero.

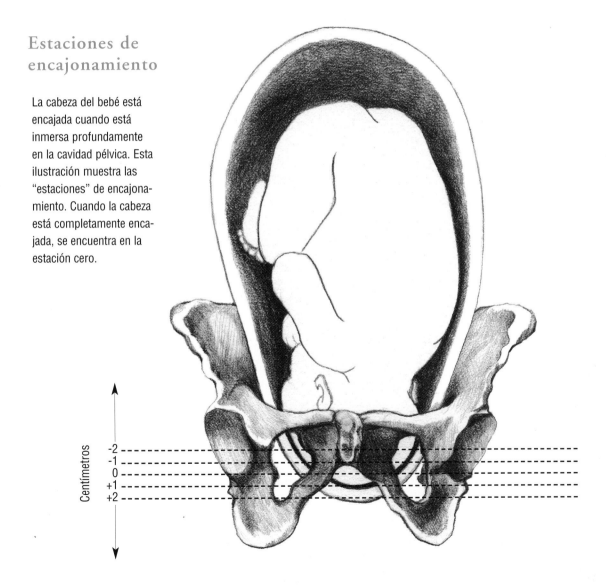

FASE ACTIVA

En el parto activo, sus contracciones serán más largas, dolorosas y se presentarán con mayor frecuencia. Usted puede sentirse con náuseas, inquieta y más enfocada interiormente.

Cuando las contracciones son fuertes y frecuentes, es normal que se sienta un poco dudosa de si podrá manejar contracciones aun más intensas y seguidas. Use la respiración que parezca funcionar. Sólo recuerde mantenerse respirando y utilizar las técnicas de relajación que aprendió en las clases y ha estado practicando en casa.

FASE DE TRANSICIÓN

Cuando la cerviz se dilata de 8 a 10 centímetros, sus contracciones se hacen bastante fuertes, una tras de otra. Puede sentirse inquieta, sudorosa, caliente, fría, tensa o con náuseas. Su cuerpo está trabajando duro y es grande el esfuerzo que debe hacer para permanecer calmada y respirar a lo largo de las contracciones.

Ahora puede ser difícil escuchar lo que le está diciendo el médico, pues está muy concentrada encarando cada contracción.

¿Qué sucede durante la fase de transición?

Para muchas mujeres, esta es la parte más difícil del parto. Usted puede creer que no va a lograrlo, pero esto *pronto* terminará. Podría ser útil recordar que cada contracción acerca el momento del alumbramiento y la posibilidad de ver a su nuevo bebé.

Su doctor o partera y el personal médico estarán apoyándola, motivándola y tranquilizándola durante esta difícil etapa. Si ha practicado los ejercicios de relajación y respiración, puede encontrar más fácil enfrentar la situación ahora.

Mientras finaliza la fase de transición, puede empezar a sentir presión hacia abajo, en lugar de continuar su respiración normal. Informe a su doctor o partera cuando tenga esta sensación. Su doctor o partera puede ayudarle con los resoplidos cortos que le ayudarán a evitar la presión antes de que sea el momento.

RELAJACIÓN

Durante el parto, muchas mujeres se sienten más cómodas caminando, haciendo el ejercicio de relajación pélvica, tomando baños o duchas y usando técnicas de respiración. Sin embargo, algunas pueden necesitar algún tipo de medicamento para permanecer concentradas y relajadas.

Los medicamentos que podría recibir durante el proceso de parto y alumbramiento incluyen **sedativos, analgésicos sistemáticos** (o calmantes del dolor), **analgésico intratecal, analgésico epidural, analgésico espinal** o **anestesia general.** Todas estos medicamentos tienen beneficios y desventajas. La siguiente tabla le dará una idea de lo que son cada una de ellas.

TIPO	BENEFICIOS	DESVENTAJAS
Sedativo	Puede aliviar la tensión y proveer descanso y la relajación. A veces se aplica tempranamente en el parto para ayudar a la madre a dormir. También ayuda a aliviar náuseas y vómitos.	Puede causar aturdimiento, sequedad en la boca, desorientación, o una caída en la presión sanguínea de la madre.
Analgésico sistemático (calmantes del dolor)	Disminuye el dolor y puede ayudar en la relajación. Dado durante el parto activo.	Puede retrasar el parto. Si es dado muy cerca al nacimiento, puede causar respiración lenta, mala mamada o menor tono muscular en el recién nacido. Es improbable que se aplique durante la transición.
Analgésico intratecal	Una pequeña cantidad de medicamento es inyectada en el área espinal. El alivio es a menudo inmediato y total. No hay entumecimiento y la madre puede estar activa después de la inyección. Se sienten deseos de empujar.	Puede causar picazón, náuseas o retención urinaria en la madre. Medicamentos pueden ayudar con efectos secundarios.
Analgésico epidural	Similar a la analgesia intratecal. Un catéter es insertado en un espacio alrededor de la columna vertebral. El medicamento puede ser dado todo a la vez o continuamente. Provee un alivio completo del dolor.	Se aplican sueros intravenosos. La madre es anestesiada desde el ombligo hasta la mitad de los muslos y puede estar en cama después de la anestesia. La menor necesidad de empujar puede originar el uso de fórceps o extractor de vacío. Debe emplearse el control fetal electrónico.
Analgésico espinal	Usado sólo en partos por cesárea. Produce total entumecimiento desde el pecho hasta los pies. La madre estará despierta durante el nacimiento.	Puede causar caída en la presión sanguínea de la madre, náuseas o vómitos. Los efectos secundarios en la mujer pueden ser aliviados con medicamento.
Anestesia general	Usada en partos rápidos por cesárea en caso de emergencia. Dada por inyección o inhalación. La madre queda inconsciente rápidamente.	Puede causar náuseas o vómitos. La madre no está despierta en el nacimiento. Puede causar dolor respiratorio, mamada menos vigorosa o un pobre tono muscular en el bebé por corto tiempo después del parto.

SEGUNDA ETAPA DEL PARTO

En esta etapa, usted empieza a empujar y a tener su bebé.

Una vez que su cerviz esté completamente abierta, puede sentir gran necesidad de empujar, como si su cuerpo tomara todas las decisiones y el resto de usted lo siguiera. Este es un duro trabajo, pero también un alivio: ¡Ahora está a punto de tener un bebé!

Empujar a menudo se siente como tener un gran movimiento intestinal —y de hecho puede a veces causarlo—. No se preocupe por eso, es normal y puede ser una señal de que está empujando bien.

Con la ayuda de su doctor o partera y el personal médico, encuentre una posición que sienta cómoda mientras empuja. Si se agacha o se para, la gravedad ayudará al bebé a descender mientras usted empuja, pero, en el caso de muchas mujeres, agacharse o pararse es demasiado duro para sus piernas. Usted puede sentarse en una silla o sobre un taburete especial para parto. Si desea acostarse, trate de hacerlo de lado con su pierna superior sostenida por su doctor o partera y no de espaldas.

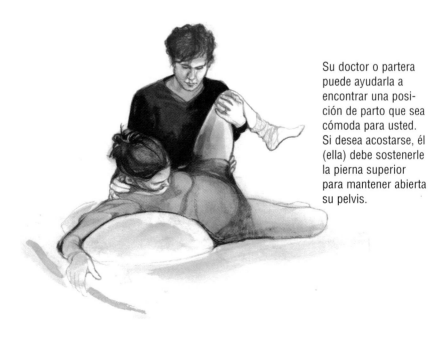

Su doctor o partera puede ayudarla a encontrar una posición de parto que sea cómoda para usted. Si desea acostarse, él (ella) debe sostenerle la pierna superior para mantener abierta su pelvis.

Una vez que haya empezado a empujar seriamente, las cosas pueden suceder rápidamente. Estará tan concentrada en empujar y tener el bebé, que difícilmente oirá lo que le dicen y no pondrá mucha atención a cualquier otra cosa que suceda en la habitación.

El tiempo de empujar para una mujer en su primer bebé es usualmente una o dos horas. En el caso de mujeres que han tenido al menos un bebé, la duración de este proceso es de una media hora menos.

En un parto normal, la cabeza del bebé saldrá primero. La parte superior de ésta empezará a asomarse mientras usted empuja con contracciones. **El coronamiento** es cuando la parte más ancha de la cabeza del niño está fuera de su cuerpo.

Si es necesaria **una episiotomía** —un corte quirúrgico hecho para facilitar la salida del bebé—, se realiza mientras la cabeza está coronando. Una episiotomía puede ayudar a que el niño nazca más rápidamente, si hay alguna dificultad en el proceso de parto. Muchas mujeres pueden dar a luz sin recibir dicha operación.

Después que ha salido la cabeza del bebé, emergerán los hombros. El resto del cuerpo saldrá con facilidad.

Su ginecólogo cortará el cordón umbilical que conecta a su bebé con la placenta. (A menudo se le da la oportunidad de hacer esto a su doctor o partera).

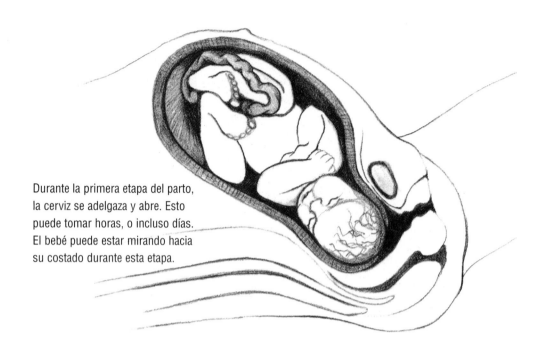

Durante la primera etapa del parto, la cerviz se adelgaza y abre. Esto puede tomar horas, o incluso días. El bebé puede estar mirando hacia su costado durante esta etapa.

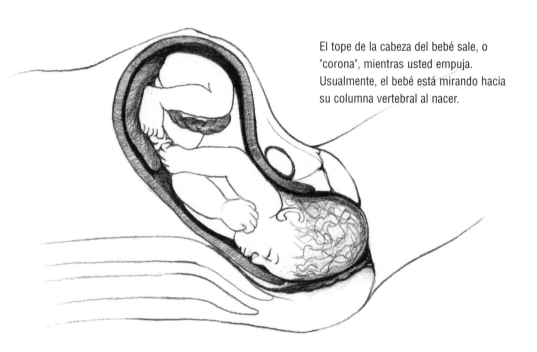

El tope de la cabeza del bebé sale, o "corona", mientras usted empuja. Usualmente, el bebé está mirando hacia su columna vertebral al nacer.

En la mayoría de partos, la cabeza del bebé es recibida primero y reviste el mayor esfuerzo.

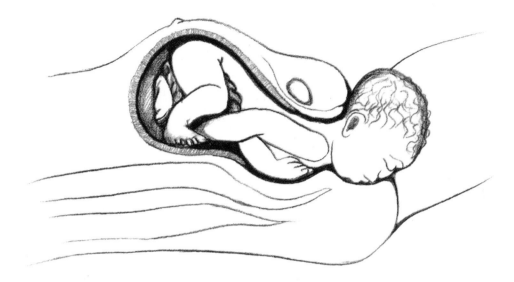

Una vez que la cabeza y los hombros han salido, el resto del cuerpo del bebé emerge fácilmente.

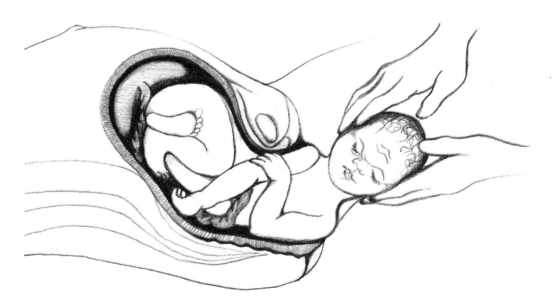

PARTO Y ALUMBRAMIENTO

PRIMERA ETAPA: Dilatación y adelgazamiento de la cerviz (4-20 horas)

FASES	DURACIÓN[1]	CONTRACCIONES	POSIBLES SEÑALES FÍSICAS Y EMOCIONALES	PAPEL DEL COMPAÑERO	ALIVIO Y COMODIDAD
Temprana Dilatación: 0–4 cm. Adelgazamiento: 0–60%	Primer bebé: 8–10 horas. Segundo bebé en adelante: 4–6 horas.	Intensidad: Leves. Duración: 30–45 segundos. Intervalo: 5–20 minutos (irregular).	Calambres abdominales. La intensidad aumenta cuando es mayor la actividad. Dolor de espalda. Aparición de sangre. Escape o ruptura de la BDA[2]. Diarrea. Emoción. Ansiedad.	Entretenimiento. Ayudar con la relajación. Preparar el viaje al hospital. Medir el tiempo de las contracciones. Ayudar a calmar. Informar a la partera/el doctor. Presión en la espalda.	Mantener una actividad normal lo más posible. Baño o ducha. Posición confortable. Relajación pélvica. Presión en la espalda. Dieta ligera. Pararse/caminar.
Activa Dilatación: 4–8 cm. Adelgazamiento: 60–100%	Primer bebé: 3–6 horas. Segundo bebé en adelante: 2–4 horas.	Intensidad: Más dolorosas, largas y frecuentes. Duración: 50–60 segundos. Intervalo: 2–5 minutos.	Dolor/presión en la cadera, ingle y parte trasera de las piernas. Calores/escalofríos. Mayor aparición de sangre. Escape o ruptura de la BDA. Sed. Náuseas, vómitos. Más difícil relajarse. Más tranquila, "enfoque interior". Inquieta. Sensación de dependencia.	Permanecer cerca y tranquilo. Ayudar con la relajación. Medir el tiempo de las contracciones. Motivar cambios de posición. Colocar un trapo frío en la frente. Ofrecer líquidos/trozos de hielo. Constante motivación. Después de cada examen, preguntar por el progreso. Considerar baños/duchas. Masajes, frotar los pies. Ayudar a establecer/rituales de protección.	Rituales. Movimiento rítmico. Relajación. Vejiga vacía. Cambio de posición. Relajación pélvica. Caramelo duro/helados. Trapo frío. Masaje en la espalda. Respiración lenta. Punto focal. Considerar medicamentos.
Transición 8–10 cm.	Primer bebé: ½–3 horas. Segundo bebé en adelante: ½–2 horas.	Intensidad: Muy fuertes. Duración: 70–90 segundos. Intervalo: 1½–2 minutos.	Contracciones muy fuertes. Amnesia entre contracciones. Calambres en las piernas. Dolor de espalda. Necesidad de empujar. Náuseas y vómitos. Escalofríos/calores. Sacude las piernas. Exigente, agotada, vulnerable, asustada, pánico.	Brindar estímulo. Respirar con mamá. Masajes en la espalda. Suministrar tampones secos. Medir el tiempo de las contracciones. Instrucciones sencillas y claras. Reconocer el dolor de la compañera, tener la confianza de que ella puede enfrentar la situación. Notificar al personal si ella quiere empujar.	Tomar una contracción a la vez. Cambios de posición/relajación. Masaje en la espalda. Trapo frío/ventilación. Trozos de hielo/sorbos de agua. Calcetines/cobija cálida. Estar abiertos al apoyo del personal y compañeras.

1 Las duraciones son promedios. Su parto puede ser más rápido o lento y de todos modos es normal.
2 BDA:

SEGUNDA ETAPA: Alumbramiento del bebé

DURACIÓN	CONTRACCIONES	POSIBLES SEÑALES FÍSICAS Y EMOCIONALES	PAPEL DEL COMPAÑERO	ALIVIO Y COMODIDAD
Primer bebé: ½–3 horas. Segundo bebé en adelante: ½–1 hora.	Intensidad: Pueden ser leves al principio, pero luego son más fuertes. Duración: 60 segundos. Intervalo: 3–5 minutos.	Necesidad de empujar/presión rectal. Dolor de espalda. Estirones, picazón, ardor, sensación en el perineo. Confusión. Fatiga.	Ayudar con la posición/apoyo del cuerpo. Ventilar a la madre. Trapo frío, trozos de hielo. Estimular la relajación entre contracciones. Elogiar a la madre. Preparar la cámara, etc. Pregunte si puede ayudar en el alumbramiento, si lo desea. Disfrutar el nacimiento.	Escuche los impulsos de su cuerpo. Relaje el piso pélvico. Ajuste la posición para estar cómoda y empujar con efectividad. Observe o toque la cabeza del bebé. Trabaje con los médicos. Jadee para evitar empujar, o empuje cuando sea indicado hacerlo. Trapo frío, trozos de hielo.

TERCERA ETAPA: Expulsión de la placenta

DURACIÓN	CONTRACCIONES	POSIBLES SEÑALES FÍSICAS Y EMOCIONALES	PAPEL DEL COMPAÑERO	ALIVIO Y COMODIDAD
2–45 minutos.	Intensidad: Usualmente leves (las contracciones pueden ser más fuertes con el segundo bebé en adelante). Duración: Irregular. Intervalo: Irregular.	Alivio. Puede llorar. Deseo de cargar el bebé o simplemente descansar.	Elogiar a la madre. Cargar y disfrutar el bebé. Motivar a la madre a que se relaje. Ver la placenta si lo desea. Compartir la emoción y alegría.	Empuje como se le indica para la expulsión de la placenta. Amamantamiento. Relájese y descanse. Cargue el bebé, si lo desea.

CUARTA ETAPA: Recuperación

DURACIÓN	CONTRACCIONES	POSIBLES SEÑALES FÍSICAS Y EMOCIONALES	PAPEL DEL COMPAÑERO	ALIVIO Y COMODIDAD
1–2 horas.	Intensidad: Leves. Duración: Cortas. Intervalo: Irregular.	Alivio, felicidad. Calambres abdominales (especialmente al amamantar). Loquios (descarga de sangre). Hambre, sed. Desfallecimiento. Curiosidad acerca del bebé.	Estar orgulloso de sí mismo y su pareja. Hacer llamadas telefónicas a familiares y amigos. Compartir sentimientos acerca del nacimiento. Ayudar a colocar el bebé para amamantamiento. Disfrutar la cercanía con la madre y el niño. Ayudar a seleccionar visitas y llamadas.	Amamantamiento. Baño con esponja. Trozos de hielo. Alimento. Cambios de posición. Descanso y relajación.

Tercera etapa del parto

La **placenta** es expulsada pocos minutos después de que el bebé nace. Usted tendrá unas contracciones, usualmente indoloras. Su médico observará las señales de que la placenta está a punto de ser expulsada y puede pedirle que empuje un poco para ayudar a que esto ocurra. Podrá sentirá presión a medida que la placenta sale.

La placenta es expulsada poco después que el bebé nace.

¿Qué significa la "expulsión de la placenta"?

Inmediatamente después del nacimiento

Durante el parto, el personal médico succionará suavemente la nariz y la boca del bebé si es necesario y se asegurará que esté respirando bien. El niño será colocado sobre su abdomen, de tal forma que pueda verlo, tocarlo y estrechar su vínculo con él. A menudo el bebé es puesto sobre su seno para empezar la lactancia.

Si ha tenido una episiotomía o un rasgón en su área perineal, su médico la suturará después de la salida de la placenta. Se le aplicará un anestésico similar a la Novocaína, así que no sentirá los puntos de sutura.

Puntuación "Apgar"

Una valoración rápida, llamada **Puntuación Apgar**, es dada en el momento del nacimiento y luego otra vez 5 minutos más tarde, para establecer cómo se encuentra el bebé después del parto. El recién nacido recibirá una "puntuación" de 0 a 2 sobre 5 diferentes aspectos de su condición: Ritmo cardiaco, respiración, tono muscular, color de la piel y respuesta refleja.

Parto por cesárea

Un parto cesáreo —a menudo llamado simplemente **cesárea**— puede ser requerido si el bebé se encuentra en una posición anormal, o si la madre o el niño muestran señales de problemas durante el parto. Su médico le ayudará a decidir si se debe realizar la cesárea. Una vez decidida, usted será trasladada rápidamente a una sala de operación.

Durante una cesárea, el doctor hace una incisión en el abdomen y el útero y luego extrae el bebé a través de ella. En la mayoría de casos, usted recibirá anestesia local, que la entumecerá pero no la hará dormir. Si el doctor piensa que su bebé necesita ser recibido rápidamente, la anestesia puede ser general y no estará despierta cuando el bebé nazca.

Después del nacimiento, su útero y luego el abdomen, serán suturados por el doctor.

Su compañero(a) de parto usualmente podrá estar con usted durante la cesárea, si el hospital y el médico lo permiten —y si su compañero(a) está conforme con la idea—.

Gracias a la habilidad de doctores y enfermeras y el uso de equipo médico moderno, la mayoría de madres y bebés salen bien después de la operación. Su recuperación será más lenta que la tenida si el parto fuera vaginal; se le ha realizado una cirugía abdominal y los tejidos y músculos involucrados necesitan tiempo para sanar.

Si ha estado planeando un parto vaginal, puede pensar que una cesárea es de algún modo un "fracaso". Esto no es así. Una cesárea puede rápidamente aliviar problemas que usted o su bebé podrían tener durante el proceso de parto. Excepto en raras emergencias, usted y su compañero estarán completamente involucrados en la decisión de tener una cesárea. Esta puede ofrecer la mejor oportunidad de que la madre y el bebé tengan un parto seguro.

Si tiene una cesárea no necesariamente significa que su siguiente hijo deberá también ser recibido mediante dicha operación. Debería discutir con su médico el parto vaginal después del cesáreo para su siguiente embarazo.

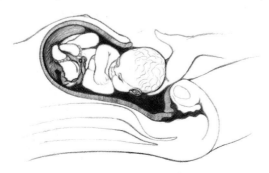

En una cesárea, el bebé es extraído a través de una incisión en el abdomen y el útero. Excepto en una emergencia, la madre puede estar despierta durante la operación y un compañero(a) puede estar presente.

PROCEDIMIENTOS MÉDICOS DURANTE EL PARTO Y EL NACIMIENTO

PROCEDIMIENTO	BENEFICIOS	DESVENTAJAS	LO QUE USTED PUEDE HACERDO
Fluidos intravenosos (I.V.) Un delgado catéter es insertado en una vena del brazo de la madre. El suero o medicina es suministrado a través de dicho instrumento.	Provee rápido acceso a la circulación de la madre para fluidos o medicaciones. Puede ayudar a la madre a mantener líquido en su sistema si está vomitando. Puede ayudar a controlar la presión sanguínea si es suministrada anestesia local.	Puede restringir el movimiento durante el parto. Puede causar dolor en el área de inserción durante o después del parto. Puede ser innecesario si la madre está tomando líquido suficiente.	Pregunte al médico si puede más bien tomar líquido por la boca. Pregunte por un tapón de solución salina (da acceso a una vena pero no restringe el movimiento). Si está confinada a una cama o silla, cambie posiciones cada 20–30 minutos. Pregunte al personal médico las razones para la intervención.
Control fetal electrónico externo (CFEE) Dos instrumentos, mantenidos en su sitio por cinturones elásticos, son colocados sobre el abdomen de la madre. Usando ondas ultrasónicas, uno de ellos registra el ritmo cardiaco del bebé y el otro marca las contracciones uterinas de la madre.	Puede proveer información útil acerca de la condición del bebé y la tolerancia del parto. Puede ser útil en ciertos procedimientos médicos (tales como el uso de pitocin). Puede ser menos limitante para la movilidad de la madre que un monitor interno. No invasor; no hay riesgo de infección.	Puede restringir el movimiento durante el parto. No siempre es preciso; puede requerir intervención adicional para valorar la condición del bebé. Puede guiar innecesariamente a más intervenciones médicas. No ha probado ofrecer beneficios claros a la madre o el bebé en partos de bajo riesgo.	Escuchar al bebé con un instrumento Doppler puede ser una opción en ciertas circunstancias. Si está confinada a una cama o silla, cambie posiciones cada 20–30 minutos. Pregunte al personal médico las razones para la intervención.
Control fetal electrónico interno (CFEI) Dos instrumentos son usados para medir la actividad uterina y el ritmo cardiaco del bebé. El instrumento usado para examinar el bebé es insertado a través de la abertura cervical y sujetado al cuero cabelludo del feto. El otro aparato es insertado a través de la vagina para que descanse a lo largo de la pared uterina.	Es más preciso que el CFEE externo. Puede proveer información útil acerca de la condición del bebé y la tolerancia del parto. Puede ser útil en ciertos procedimientos médicos (tales como el uso de pitocin). Puede ser menos limitante para el movimiento de la madre que el CFEE externo.	Invasor; puede presentar riesgo de infección en la madre y el niño Requiere la ruptura de la membrana amniótica. Puede restringir el movimiento durante el parto. Puede guiar innecesariamente a más intervenciones médicas. No ha probado ofrecer beneficios claros a la madre o el bebé en partos de bajo riesgo.	Un monitor externo, un fetoscopio o un instrumento Doppler pueden ser opcionales en ciertas circunstancias. Si está confinada a una cama o silla, cambie posiciones cada 20–30 minutos. Pregunte al personal médico la duración estimada del parto si las membranas deben ser rotas. Pregunte al personal médico las razones para la intervención.
Episiotomía Una incisión quirúrgica en el perineo para agrandar la abertura vaginal o el uso de instrumentos para el alumbramiento. La cisura es hecha después de la expulsión de la placenta.	Puede acelerar el alumbramiento 15–20 minutos en caso de una madre agotada o un bebé en problemas. Puede ayudar cuando el bebé es muy grande o se usan instrumentos para el parto. Provee una incisión "recta", que puede ser reparada más fácilmente que grandes rasgones.	Causa dolor al comienzo del periodo postparto. Puede originar un rasgón más serio que si la episiotomía no fuera hecha. La cisura puede interferir en la inicial interacción con el bebé. La extensión de la incisión puede originar daño en el tejido rectal.	Pregúntele al médico por adelantado acerca de su práctica normal de episiotomía. Si lo desea, exprese con anticipación su deseo de que le sea pedido el permiso para el procedimiento. Solicite medicamento para el dolor, compresas de hielo, tampones perineales o baños de asiento cuando sean necesarios. Pregunte al personal médico las razones para la intervención.

PROCEDIMIENTO	BENEFICIOS	DESVENTAJAS	LO QUE USTED PUEDE HACERDO
Ayuda instrumental para el parto • Extracción de vacío (EV): Un aparato semejante a una taza, colocado sobre la cabeza del bebé y mantenido ahí por presión de succión. • Fórceps: Instrumentos semejantes a cucharas colocados a la vez alrededor de la cabeza del bebé.	Puede ser de ayuda en parto vaginal cuando la madre está agotada o el bebé no está en una buena posición. Puede ser necesaria cuando la madre ha tenido anestesia local y no puede sentir sus contracciones. Puede acelerar el alumbramiento si el bebé está en problemas.	EV puede causar magulladuras e hinchazón sobre el cuero cabelludo del niño. EV puede no ser tan útil como el fórceps en la rotación del bebé. El fórceps puede causar daño en el tejido de la cara del bebé y/o la vagina de la madre. Ambos procedimientos pueden requerir episiotomía.	Discuta anticipadamente con su médico las preocupaciones que tiene acerca de estos procedimientos. Pregunte al personal médico las razones para la intervención.
Maduración cervical Un medicamento (usualmente una hormona sintética) es colocado cerca a la cerviz para que actúe sobre el tejido cervical.	Puede iniciar las contracciones del parto. Puede hacer la hormona pitocin más efectiva para la inducción, promoviendo "maduración" cervical.	Puede no funcionar para madurar la cerviz.	Pregunte las alternativas para madurar la cerviz (estimulación de los pezones, relaciones sexuales, etc.). Pregunte al personal médico las razones para la intervención.
Amniotomía Un instrumento llamado amniohook (gancho amniótico) es insertado a través de la cerviz y usado para encontrar la membrana amniótica. La membrana luego se rompe.	Puede ayudar a iniciar o acelerar el proceso de parto, forjando o incrementando la fuerza de las contracciones uterinas. Puede ser necesaria para valorar el color o la consistencia del líquido amniótico. Puede ser necesaria al insertar un monitor fetal electrónico interno.	Puede aumentar el riesgo de infección en la madre y el bebé. El personal médico puede sentir una mayor sensación de urgencia respecto al proceso de parto para disminuir el riesgo de infección. Puede no ser efectiva para iniciar o acelerar un parto; podría conducir a otras intervenciones. Puede limitar la habilidad de la madre para usar la tina/ducha por comodidad durante el parto. Probablemente causará contracciones más dolorosas (aunque más efectivas).	Pregunte las alternativas para iniciar o acelerar el parto (estimulación de los pezones, ducha o baño, caminar, etc.). Pregunte al personal médico la duración estimada del parto si las membranas son rotas. Pregunte al personal médico las razones para la intervención.
Inducción del parto Una hormona sintética, tal como pitocin, es suministrada a través de una línea intravenosa I.V. Esto puede hacer que las contracciones empiecen o sean más fuertes.	Puede ayudar a iniciar el parto si el bebé se ha pasado de tiempo, o si se han desarrollado complicaciones que podrían requerir el nacimiento del bebé. Puede ayudar a fortalecer contracciones, haciéndolas más efectivas.	Se requiere observación detallada de la madre y el bebé (con CFE interno o externo). Requiere línea I.V., lo cual limita la movilidad de la madre durante el parto. Las contracciones pueden ser más dolorosas o cercanas entre sí. Puede originar un parto prematuro si se realiza sin saber la madurez del bebé.	Pregunte alternativas para incitar el parto (estimulación de los pezones, ducha o baño, caminar, etc.). Si el movimiento es limitado, cambie de posición frecuentemente. Solicite más tiempo, si lo desea. Revise estrategias para línea I.V. y monitores (pág. 86). Pregunte al personal médico las razones para la intervención. Pregunte por el procedimiento de telemetría (remoto) para CFE.

SU ESTANCIA EN EL HOSPITAL

USTED PUEDE permanecer en el hospital sólo un par de días, pero incluso una corta estancia debe ser lo más cómoda posible.

El sueño y descanso son muy importantes después que ha dado a luz. Puede sentirse emocionada y muy despierta por un tiempo, pero recuerde que su cuerpo ha estado trabajando duro y necesita recuperarse.

Si tiene visitas en el hospital, trate de hacerlas cortas y no piense que tiene que entretenerlas.

SEGURIDAD

Usted, su bebé y su doctor (a) han sido "marcados" justo después del parto, con bandas de identificación atadas a sus muñecas y a la muñeca o el tobillo del bebé. Dichas bandas serán revisadas frecuentemente mientras se encuentren en el hospital.

Aunque los incidentes son extremadamente raros, por razones de seguridad no deberá entregar el niño a alguien del hospital que no se identifique o use una placa de identificación. Si tiene alguna duda, acuda a una enfermera supervisora.

Su bebé puede permanecer en la habitación con usted —tenerlo a su lado lo más posible le ayudará a aprender más acerca de él—; pero si usted sale del cuarto, incluso para tomar una rápida ducha, no deje al niño solo.

Rutinas del hospital

Durante su estancia en el hospital puede esperar que:

- **Varias enfermeras la atenderán y a que los turnos de trabajo cambian cada 8 a 12 horas.** Ellas examinarán su proceso de recuperación varias veces al día. También la ayudarán con la lactancia y le darán información sobre el cuidado suyo y del bebé en casa.
- **Alguien del laboratorio extraerá sangre suya y del bebé.**
- **Su médico la atenderá varias veces y le hablará acerca de su regreso a casa.**
- **El médico examinará su bebé varias veces, hablará con usted y decidirá cuándo puede el bebé ir a casa.**
- **Un representante de una empresa de fotografía puede ofrecer servicios para tomar fotos de su bebé.** Esto es opcional; no tiene por qué comprar foto alguna.
- **Si usted tiene sangre RH negativo y recibió Rhogan en aproximadamente 28 semanas de embarazo, puede recibir otra inyección antes de dejar el hospital.**
- **Si no está inmune a la rubéola (sarampión alemán), deberá recibir una inyección para proteger futuros bebés.**

Cuidados Postparto

Después que ha empieza a recuperarse. No lo hace completamente de una vez, pero sí cambia notablemente. Así como puso atención a las necesidades de su cuerpo durante el embarazo, es importante que tenga en cuenta los requerimientos de ahora en adelante.

Actividad

El descanso es muy importante. Las necesidades de su bebé interrumpirán su sueño durante un tiempo en el que podría dormir un poco más que lo usual. Deje que otras personas —su pareja, su madre, amigos, parientes— la ayuden.

Puede hacer muchas de sus actividades diarias en casa, pero hágalas una por una. Saque tiempo para siestas durante el día, cuando el bebé esté durmiendo. Evite levantar cosas pesadas o hacer trabajos o deportes fuertes.

Si ha tenido un parto por cesárea, se le podrá aconsejar evitar el uso de la aspiradora, conducir o subir escaleras por 2 ó 3 semanas.

FLUJO VAGINAL, MENSTRUACIÓN

Justo después de un parto vaginal, su flujo será de color rojo vivo. Debe tornarse rojo oscuro antes de que salga del hospital. Si nota grandes coágulos (más grandes que una moneda de medio dólar) o percibe un mal olor, consúltelo con personal de enfermería.

Su flujo vaginal puede continuar durante 4 a 6 semanas después del parto. Usualmente la cantidad decrece y el color se torna rojo pardusco, luego blanco o claro. Si ha estado muy activa, su flujo puede adquirir un tono rojo más vivo y hacerse más denso por un tiempo. Si necesita más de una toalla higiénica por hora, acuéstese, descanse y llame a la clínica.

Los períodos menstruales usualmente se reinician 6 a 8 semanas después del parto. Si está lactando, sus períodos pueden retardarse. Sin embargo, podría aún quedar embarazada.

CUIDADO PERINEAL

Use la peri-botella que adquirió en el hospital y cambie las toallas higiénicas cada vez que vaya al baño. Tome baños calientes frecuentes para aliviar cualquier dolor. No use tampones o realice duchas vaginales hasta que el sangrado vaginal haya cesado.

CUIDADO DE LA INCISIÓN

Después de un parto por cesárea, usted puede ducharse, pero trate de no mojar su incisión. Si las cintas sobre su incisión se sueltan, pueden ser quitadas después que haya estado en casa durante una semana. Suavemente tire de los extremos de la cinta hacia la incisión. Puede ver una pequeña cantidad de drenaje rosado o claro. Examine con su médico si este drenaje aumenta o tiene algún olor, si la incisión se enrojece, o si usted tiene fiebre.

INTESTINOS/HEMORROIDES

Reduzca su riesgo de estreñimiento, común después del parto, tomando mucho líquido —6 a 8 vasos de líquidos sin cafeína al día— e incrementando la cantidad de fibra en su dieta. Los baños calientes también son beneficiosos. Trate de no esforzarse cuando tenga un movimiento intestinal. Su médico puede recomendar una medicina de venta libre para ayudar a aliviar el estreñimiento.

NUTRICIÓN

Mantenga los buenos hábitos alimenticios que desarrolló durante el embarazo. Siga una dieta bien balanceada que incluya alimentos de toda la pirámide alimenticia (ver páginas 8 y 9). No trate de perder su peso rápidamente reduciendo calorías.

KEGELS

Los ejercicios Kegel que estuvo haciendo durante el embarazo son aún útiles. (En realidad, son beneficiosos toda la vida). Después de tener un bebé, podrá apenas sentir los músculos, pero si se mantiene haciendo Kegels, es menos probable que derrame orina al estornudar o toser.

SEXO

Las relaciones sexuales deben ser evitadas durante al menos 3 ó 4 semanas después del parto, o hasta que haya desaparecido completamente el flujo vaginal rojo pardusco. La mayoría de médicos recomiendan que no tenga relaciones genitales hasta después de su visita postparto a la clínica. Sin embargo, si lo hace y no desea quedar de nuevo embarazada, debería usar un control anticonceptivo. Es posible que quede embarazada dentro del mes posterior al parto, incluso si está lactando.

CUÁNDO LLAMAR AL MÉDICO

- Si tiene una temperatura de 100.4 °F o mayor.
- Si tiene un denso sangrado vaginal, sangrado rojo vivo que satura más de una toalla por hora, o coágulos más grandes que una moneda de medio dólar.
- Si tiene sangrado durante más de 6 semanas.
- Si tiene ardor o dolor al orinar, o una necesidad urgente o frecuente de hacerlo.
- Si tiene dolor en un punto o un área roja de su seno.
- Si tiene un flujo vaginal fétido.
- Si tiene un mayor drenaje, hinchazón, dolor o inflamación alrededor de la incisión de un parto cesáreo.
- Si tiene inflamación o dolor alrededor de una vena en su pierna, o si no puede pararse sobre ella.
- Si tiene un gran dolor abdominal.

EJERCICIO

Sí, USTED PUEDE start comenzar a hacer ejercicio poco después del parto, pero la mayoría de médicos recomiendan esperar cerca de 6 semanas antes de iniciar sesiones serias de ejercicios. Comience a hacerlo lentamente, pero haga del ejercicio una parte de su rutina diaria. Recuerde, le tomó meses a su cuerpo ganar el peso y la forma de su embarazo y le tomará meses volver a la normalidad.

Comience caminando un poco. Esto le ayudará a sentirse mejor en general, aunque no trabajará músculos específicos como los ejercicios descritos a continuación o los ilustrados en la siguiente página.

ESTIRAMIENTO ABDOMINAL

Acostada de espaldas o de lado o, posteriormente, sentada o parada, tome una respiración profunda a través de su nariz y sienta cómo se expande su abdomen. Saque el aire lentamente por su boca mientras contrae los músculos abdominales. Haga esto 2 ó 3 veces para comenzar. Puede realizar este ejercicio 24 horas después del parto.

INCLINACIÓN PÉLVICA

Acuéstese de espaldas con sus rodillas dobladas. Empalme la parte inferior de la espalda contra el piso. Mientras deja salir la respiración, apriete sus músculos abdominales y luego hágalo para 3 ó 4 respiraciones. Relájese y repita el ejercicio.

¿Qué tipo de ejercicio puedo hacer después de tener el bebé?

Contracciones abdominales

Acuéstese de espaldas con sus rodillas dobladas. Ponga sus manos frente a usted, detrás del cuello, dobladas sobre su pecho, al lado, o sobre la cabeza. Ponga el mentón sobre el pecho, luego mueva la cabeza y los hombros hacia adelante todo lo que pueda sin despegar su cintura del piso. Vuelva a la posición inicial, relájese y repita el movimiento. Lentamente aumente el número de veces que hace esto.

"De puntillas"

Siéntese sobre el borde de un asiento de respaldo recto, con sus piernas hacia adelante ligeramente dobladas. Sostenga el bebé mirando hacia usted sobre sus rodillas. Doble la parte superior de la espalda y contraiga sus músculos abdominales. Lentamente mueva sus pies hacia el frente hasta que sólo los dedos toquen el piso. Manteniendo contraídos los músculos abdominales, levante un pie a la vez aproximadamente 2 ó 3 pulgadas del suelo. Repita el movimiento alternando los pies. Este ejercicio ayuda a fortalecer los músculos abdominales y aliviar la tensión en la parte superior de la espalda.

Sus emociones

CASI TODO lo que sienta después de nacido su bebé es normal —esto es, otras mujeres suelen sentir lo mismo—.

¿Qué pasa si no siento un gran amor por mi bebé inmediatamente después del parto?

Usted puede percibir una conexión instantánea con su hijo, pero no se preocupe si esto no sucede. Para muchas mujeres, el amor y el vínculo aumenta a medida que cuidan su nuevo bebé durante días o incluso semanas.

En las primeras 24 horas después del alumbramiento, comenzará a aprender cómo cuidarse a sí misma y al bebé: Cómo cambiar pañales, cómo bañar al niño y cómo alimentarlo. Puede todavía estar pensando en el parto. Tal vez sea difícil creer que su embarazo ha finalizado y ahora tiene realmente un bebé.

Después de un día aproximadamente, sentirá el fortalecimiento del vínculo entre usted y su hijo. Empezará a ver a su bebé como un individuo separado, con una personalidad y necesidades particulares.

Tristeza

Muchas mujeres sienten cierta tristeza y ansiedad de 3 a 10 días después del parto. Pueden sentirse cansadas, irritables, tristes o confusas. Pueden incluso sentirse culpables, "tengo un maravilloso bebé, ¿por qué me siento triste?".

¿Por qué me siento triste?

Es normal sentirse triste. Sus hormonas están retornando rápidamente a niveles de preembarazo, está cansada y no está durmiendo lo suficiente. Tener un hijo, especialmente el primero, cambia su vida. Si estaba trabajando antes, ahora puede sentirse solitaria estando en casa, sólo con la compañía del bebé la mayor parte del tiempo.

Lo importante es hablar con los demás: Su pareja, parientes, amigos, su médico. Pida ayuda para que pueda descansar más y sentirse segura del cuidado del bebé.

Depresión postparto

Si se siente deprimida por más de unos cuantos días —o si en algún momento cree que está fuera de control y puede hacerse daño a sí misma o al bebé— pida ayuda inmediatamente. Llame a su médico; la depresión postparto es real y puede ser grave.

ADOPCIÓN

Si destinó al bebé para adopción, puede sentir un gran dolor después del nacimiento. Podría tener sentimientos de tristeza en celebraciones, cumpleaños, o incluso durante un comercial de pañales. Tome tiempo para descansar y sanar. Pregunte a su médico, a una trabajadora social o a una agencia de adopción, por la posibilidad de ingresar a grupos de apoyo u organizaciones que puedan ayudarle a expresar y aceptar sus sentimientos de tristeza, mientras la respaldan en su decisión.

VISITAS A LA CLÍNICA

SE LE PEDIRÁ ver a su médico 2 a 6 semanas después de dar a luz. En esta visita, posiblemente le tomarán una muestra de sangre y examinarán su orina. Si no ha tenido exámenes de citología en un año o más, su especialista tomará uno.

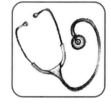

En el examen, el médico discutirá opciones de planificación familiar con usted y le responderá las preguntas que tenga acerca del ejercicio y otras actividades físicas.

Como se mencionó anteriormente, la mayoría de profesionales de la salud recomiendan que no se deben tener relaciones genitales antes de la visita postparto a la clínica. Sin embargo, si lo hace y no desea quedar de nuevo embarazada, debería usar métodos anti-conceptivos. Es posible que una mujer se embarace dentro del mes posterior al nacimiento del bebé, incluso si está lactando.

PARA LOS COMPAÑEROS

SU AYUDA es esencial a lo largo del parto —y tal vez más importante después—. El nacimiento de un hijo es un momento emocionante y maravilloso para usted y su pareja. No hay nada igual a la experiencia de darle la bienvenida a un nuevo y pequeño ser.

Si ha asistido a las clases sobre parto con su compañera y a sabe lo que debe hacer durante el proceso: Ayudar con la respiración, decir palabras motivadoras, dar masajes, apoyar a la madre mientras se alista para dar a luz.

Quizá esto lo ponga un poco nervioso. Después de todo, probablemente nunca ha estado presente en un parto. ¿Qué hay si se desmaya? ¿Qué tal si no puede manejar la situación? Es normal estar nervioso. Si tiene grandes temores, hable con su compañera mucho antes de la fecha estimada de alumbramiento, de tal forma que tenga un plan de apoyo, tal como otro pariente o amigo que sea el compañero de parto si es necesario.

Usted y su pareja pueden considerar contratar a una persona de apoyo profesional, llamada **doula**, para que ayude con el parto. Una doula es especialmente entrenada para ayudar a las mujeres y sus compañeros antes, durante y después del parto. La doula no está para tomar su lugar, sino para ayudarlos durante este importante acontecimiento. Si desea una lista doulas en su área, busque en las páginas amarillas o pregunte a su instructor de parto o a su médico.

Su pareja necesitará mucho apoyo después de dar a luz. Ella está aún recuperándose físicamente y también requiere apoyo emocional. Puede sentir tristeza y recibir el consuelo que usted le da. Después del parto podría ayudar cambiando pañales, bañando al bebé, etc. Si ella está lactando, su motivación y apoyo le serán muy significativos. Usted y su pareja pueden compartir los cuidados del niño, disfrutando cada pequeña cosa que haga.

PARA MÁS INFORMACIÓN

Vea la lista de recursos al final del capítulo anterior.

Su recién nacido

Esta pequeña criatura en sus manos es su bebé —una personita independiente que ya puede hacer muchas cosas—. Usted está emocionada y asustada. ¿Quién es esta pequeña persona?

Los nuevos padres a menudo piensan que necesitan saber todo acerca del cuidado del bebé antes de salir del hospital. El agotamiento que llega con el proceso de parto hace esto imposible. Sin embargo, puede aprender mucho simplemente observando su recién nacido.

ALGUNAS DE LAS PREGUNTAS RESPONDIDAS EN ESTE CAPÍTULO INCLUYEN:

- ¿Qué puede ver y oír mi bebé?
- ¿Cómo baño a mi bebé?
- ¿Qué significa el llanto del bebé?
- ¿Cómo se puede saber que la camacuna del bebé es segura?
- ¿Cuándo llamo al médico de mi bebé?

UNA PRIMERA MIRADA A SU RECIÉN NACIDO

USTED PUEDE pensar que su hijo es el bebé más hermoso, lo más hermoso que ha visto en la vida. También es posible que esto no sea así. El bebé puede lucir muy diferente al que había imaginado al quedar embarazada. Su cabeza puede haber sido presionada durante el proceso de embarazo, adquiriendo una forma alargada. Si se usaron fórceps, puede haber marcas rojas a los lados de la cabeza de su bebé. Tal vez tenga vellos largos y finos sobre el cuerpo.

Estas características son muy normales —y temporales—. Las marcas de fórceps desaparecerán y la cabeza del bebé adquirirá una forma normal en pocos días. El vello largo y fino, llamado **lanugo**, habrá desaparecido en aproximadamente una semana.

Otras cosas que puede observar en el bebé:

CABEZA

- Hay áreas blandas en la parte superior y posterior de la cabeza del bebé, donde los huesos aún no se han unido entre sí. Estas partes pueden asustarla cuando toca la cabeza del bebé. Debe ser cuidadosa, pero sin embargo puede lavar el cabello de su bebé, o masajear su cabeza y cuero cabelludo.

- Puede haber un área blanda y esponjosa sobre la cabeza del bebé, causada por la presión del parto. Esta peculiaridad cambiará en pocos días. Algunos bebés tienen un duro nudo sobre la coronilla, llamado **cefalomatoma**. Este también desaparecerá, aunque puede tomar de 4 a 6 meses.

OJOS

- Los bebés de piel clara usualmente tienen ojos azul grisáceos al nacer. Los de piel oscura suelen tenerlos pardo grisáceos. El verdadero color de ojos puede aparecer en unos pocos meses, o puede tomar hasta un año para desarrollarse. El color de los ojos no tiene ninguna relación con la capacidad para ver.

NARIZ

- Algunos bebés nacen con una nariz que parece aplastada. La nariz se desarrollará normalmente en poco tiempo.
- Su bebé puede estornudar mucho. El interior de la nariz es mucho más pequeño que las fosas nasales que usted ve, por eso el moco se atasca fácilmente. Al estornudar se limpian las fosas nasales para que el bebé pueda respirar.

PIEL

- Pequeñas hinchazones blancas llamadas **milia** son comunes en la cara. Déjelas quietas —no trate de removerlas—, desaparecerán en pocas semanas.
- Algunos bebés tienen en el cuerpo un salpullido de recién nacido. Eso también desaparecerá en aproximadamente una semana.
- Los bebés de piel oscura pueden tener un área más oscura en sus glúteos, espalda o genitales, que tal vez permanecerá durante 4 ó 5 años. Esta marca llamada **mancha mongólica** no es dañina, aunque pueda parecer como un golpe.
- La **ictericia** o piel amarillenta, es común en los recién nacidos. Llame a su médico si la piel de su bebé es muy amarilla, o si la parte blanca de sus ojos adopta dicho color.

GENITALES

- Los bebés, de ambos sexos, usualmente tienen genitales hinchados. Esto a veces asusta a los padres, pero es normal y la hinchazón desaparece en pocos días.

Algunas de las marcas inusuales que observará en el cuerpo de su bebé, tales como la nariz aplastada o manchas mongólicas, son normales y cambiarán o desaparecerán a medida que su bebé madura.

LO QUE SU BEBÉ RECIÉN NACIDO PUEDE HACER

SU BEBÉ nace con la capacidad de hacer varias cosas. Usted disfrutará observándolo y jugando con él y su atención le ayudará a desarrollarse.

LO QUE SU BEBÉ PUEDE VER

- Al nacer, un bebé puede ver hasta aproximadamente un pie (30 cms.). (Asegúrese de que no haya tanta luz —si las luces son intensas pueden hacer más difícil que su bebé vea—). Cuando el bebé tenga de 4 a 6 meses de nacido, puede ver tan bien como un adulto. A los bebés les gustan las caras, así que mirar a los ojos a su bebé y hablarle a menudo lo fascinará.
- Los bebés pueden aturdirse por mucha motivación visual. Mantenga ordenada el área donde duerme. Los colores muy vivos en la decoración o la ropa de cama pueden incomodar al bebé.

LO QUE SU BEBÉ PUEDE OÍR

- Cuando usted tenía cerca de 24 semanas de embarazo, su bebé comenzó a oír su voz dentro del útero. Al nacer, podrá oír tan bien como un adulto.
- Su bebé se acostumbrará a los sonidos normales en la casa; nadie necesita andar de puntillas o hablar bajo.
- La voz aguda que a menudo usamos al hablar con los bebés parece gustarles. El bebé se dirigirá hacia quien utilice esa voz y examinará su cara.

LO QUE SU BEBÉ PUEDE OLER Y PROBAR

- Los recién nacidos pueden oler tan bien como los adultos y su sentido del gusto es incluso más potente.
- Un bebé se alejará de olores desagradables e intensos.
- A los bebés les gusta lo dulce; sin embargo, nunca adicione azúcar al agua o la fórmula, pues esto puede causar diarrea.

LO QUE PUEDE SENTIR SU BEBÉ

- Los bebés necesitan ser cargados, sentir alguien cerca y ser tocados con ternura. Es normal que sea esquivo al cambiar el pañal o cuando es bañado. Que esto no le impida cargar su bebé.
- Los bebés no pueden ser "malcriados", así que abrace y cargue a su bebé frecuentemente. El calor de su cuerpo y su olor particular son muy tranquilizantes.

¿Qué puede ver y oír mi bebé?

El comportamiento de su bebé

- Los bebés a menudo se chupan los dedos o el puño para sentirse bien. Si usted coloca su dedo en la palma de la mano de su bebé, los dedos de éste lo agarrarán. Éste es llamado **reflejo de agarrar.** Luego puede colocar el puño del bebé en su boca.

- Cuando cambie el pañal o limpie el cordón umbilical, el bebé puede llorar. Usted no le está causando daño al bebé, él sólo tiene frío. Al llorar aumenta la temperatura corporal. Mantenga su bebé parcialmente cubierto cuando cambie el pañal, limpie el cordón umbilical o cuando lo bañe.

- Cuando cargue a su bebé, él puede abrir la boca o mover la cabeza de lado a lado. Este es un reflejo natural que ayuda al bebé a buscar el pezón. Si acaricia la mejilla del bebé, su cabeza se dirigirá al lado que usted tocó. Su bebé puede empezar a chupar, o tal vez espera hasta que se le ofrezca un pezón. Este es llamado **reflejo de amamantar,** que ayuda a su bebé a conectarse al pezón.

- Cuando su bebé aparte la vista mientras está siendo cargado, se ruborice, o se ponga pálido alrededor de los labios, puede estar listo para suspender dicha actividad. Su bebé puede bostezar, fruncir el ceño o estornudar a fin de hacerle saber que está listo para hacer otra cosa. El bebé puede hacer estas cosas antes de llorar para que usted sepa que necesita su ayuda.

- Al despertar, su bebé puede observarla directamente. El cuerpo del bebé aún estará quieto; sus ojos estarán bien abiertos. Estas son señales de que su bebé está listo para ser atendido. El recién nacido examinará su cara, pondrá atención a lo que usted habla y parecerá entender todo lo que le dice. Durante las primeras semanas, esto tal vez ocurra sólo unos cuantos minutos al día.

CIRCUNCISIÓN

USTED TAL VEZ está considerando la circuncisión en su bebé. En este procedimiento, el prepucio —la piel que cubre la cabeza del pene— es cortado. Algunos padres escogen la circuncisión por razones religiosas, otros porque piensan que es "usual" hacerlo.

Aunque los médicos anteriormente recomendaban rutinariamente la circuncisión por razones de salud, ahora muchos de ellos ven la operación como un procedimiento electivo —en el cual los padres pueden escoger, pero que no es necesario para el bienestar del bebé—. Si está considerando esta práctica, hable con su doctor acerca de los riesgos y el concepto médico actual.

Si decide que su bebé sea circuncidado, el procedimiento usualmente será hecho antes de que salga del hospital. La cirugía toma cerca de 10 minutos y la curación generalmente dura una semana.

Mantener limpio al bebé

Su recién nacido solamente necesita ser bañado una o dos veces a la semana, pero usted debe limpiarle el trasero a todo momento y peinarlo una vez al día.

Cuidados con el cordón

- Una vez al día, limpie el área donde es sujetado el cordón, hasta que éste caiga (en aproximadamente 1-3 semanas). Para limpiar el cordón y el área circundante, lave primero sus manos, luego empape de alcohol un algodón, o use un trapo en su lugar. Muy suavemente frote alrededor de la base del cordón. Tire de éste y pase el algodón hasta la base para remover secreciones.

- Para mantener seco el cordón, doble el pañal debajo de él durante las primeras semanas.

- Si el área del cordón se ve roja, percibe un mal olor, o ve pus en ella, llame a su médico. Estas son señales de infección.

Cuidado de las uñas

- Las uñas de los bebés pueden ser filudas. Son muy blandas y difíciles de cortar durante al menos 2 ó 3 semanas. Usted puede limarlas suavemente.

Cuidados de los genitales

- Las niñas a veces tienen una pequeña descarga rosada o blanca por la vagina. Esto es normal y no hay de qué preocuparse. Siempre lave el área genital de su bebé del frente hacia atrás.

- Si su bebé es circuncidado, siga las instrucciones que el médico le ha dado. Si observa sangrado o pus, o si parece que el bebé tiene problemas para pasar orina, contacte inmediatamente al especialista.

- Si su bebé no es circuncidado, limpie el pene suavemente con agua, pero no jale el prepucio.

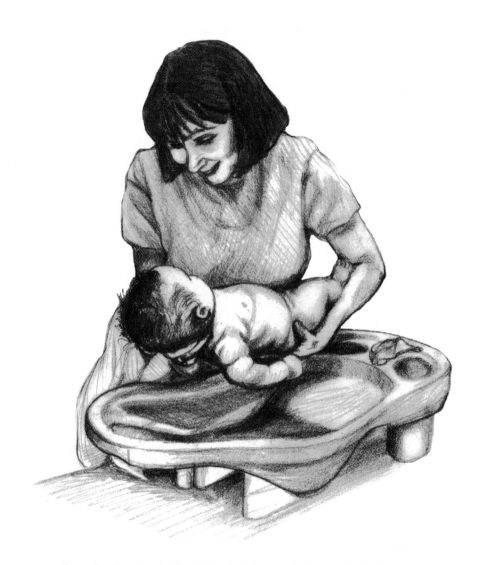

Apoye la cabeza del bebé mientras lo baja a una bañera y mientras lava suavemente cada parte de su cuerpo.

Bañar al bebé

Ya sea que su bebé esté siendo bañado en agua, o mientras es acostado sobre una superficie segura, usted debería tener el cuidado de que no sufra de frío. Mantenga caliente el área y envuelva al bebé con ropa seca y cálida inmediatamente después del baño.

1. Reúna los utensilios para el baño. Estos incluyen:

- Jabón suave (aunque puede bañar al bebé en agua tibia y sin jabón).
- Alcohol y algodones.
- Peine y cepillo.
- Pañal limpio.
- Paño para lavarse y toallas.
- Taza para el agua.
- Una superficie segura, con una cobija o cojinete.

2. Pruebe el agua para baño. Debe estar tibia, pero no caliente. Use su codo para examinar la correcta temperatura del agua. Nunca meta el bebé en el agua sin examinar primero la temperatura.

3. Mientras sostiene la cabeza del bebé con su mano, baje el cuerpo hacia el agua.

4. Lave primero el contorno de los ojos con agua. Luego enjuague toda la cara. No use bastoncillos (copos de algodon) para limpiar la nariz o los oídos del bebé.

5. Lave el cabello del bebé con agua o con agua y un champú suave. Después del baño, peine el cuero cabelludo del bebé para remover residuos aceitosos.

6. Lave con agua el estómago, la espalda y las manos del bebé. Si aún está el cordón, límpielo con alcohol y un algodón. Limpie entre los dedos del bebé y ponga atención especial a pliegues en la piel, tales como las presentes en el área del cuello o la axila.

7. Lave las piernas y los pies, incluyendo las áreas entre los dedos.

8. Lave el trasero desde el frente hacia atrás, con agua y jabón suave.

¿Cómo baño a mi bebé?

TOMAR LA TEMPERATURA DEL BEBÉ

AUNQUE una **temperatura rectal** es más precisa, es más seguro y fácil tomarle la **temperatura axilar** a un recién nacido.

La temperatura axilar es tomada colocando el termómetro en la axila desnuda del bebé y sosteniendo el brazo suavemente contra el pecho. Tenga el termómetro en dicha posición al menos 4 minutos. Una temperatura axilar promedio es de 97.6 °F.

Para una temperatura rectal, lubrique la punta del termómetro rectal (especialmente diseñado con un pequeño bulbo al extremo) con vaselina. Acueste el bebé boca abajo, con un pañal debajo. (Al tomarse la temperatura es probable que se origine movimiento intestinal).

Tome una temperatura axilar colocando el termómetro en la axila desnuda del bebé.

También puede colocar al bebé de espaldas y levantarle las piernas con una mano, mientras aparta las nalgas con la otra lo suficiente para ver el recto. Inserte el termómetro suavemente, más o menos una pulgada. Manténgalo ahí por cerca de 3 minutos. Una temperatura rectal promedio es de 99.6 °F.

Tome una temperatura rectal colocando sólo la punta de un termómetro rectal en el recto del bebé.

LOS ESTADOS DE CONCIENCIA DEL BEBÉ

SU BEBÉ tiene seis estados de conciencia. Entenderlos le ayudará a responder mejor y cuidar a su bebé.

- **Sueño profundo.** La respiración es estable y regular. No verá movimiento en los ojos. El ruido no despierta al bebé, aunque puede hacer que en medio del sueño se mueva. En este estado su bebé no está disponible para usted.
- **Sueño ligero.** La respiración parece más rápida y el pecho del bebé sube y baja con cada respiración. Usted notará movimientos debajo de sus párpados cerrados. El bebé puede moverse alrededor e incluso chupar en medio del sueño. Está más disponible para ser amamantado porque está más cerca a estar despierto.
- **Soñoliento o semidormido.** YLos ojos están abiertos, pero el bebé mira alrededor, sin enfocarse en algo en particular. El bebé puede decidir despertarse bien o volver a dormir.
- **Bastante alerta.** Los ojos del bebé están bien abiertos y alerta. No moverá mucho el cuerpo y permanecerá enfocado en lo que esté mirando. En este estado su bebé está más disponible para usted.
- **Alerta activo.** Su bebé es melindroso; se mueve alrededor y puede llorar brevemente. En este estado, el bebé es más sensible al hambre, al sueño, o a ser cargado.
- **Llanto.** Cuando el bebé llora, le está diciendo que necesita algo. Puede estar listo para comer, recibir un cambio de pañal, necesita ser cargado, expulsar los gases o consolado.

Los bebés tienen la habilidad de no reaccionar ante ruidos y estímulos repetidos cuando están en sueño profundo, sueño ligero o estado soñoliento. Esto es llamado **habituación** y permite que las familias realicen sus actividades diarias sin perturbar al bebé.

Las primeras horas siguientes al nacimiento, lo más probable es que el bebé se encuentre en estado bastante alerta; él deseará observar su cara y escuchar su voz.

En las próximas 24 a 36 horas, su bebé pasará mucho tiempo durmiendo. Cuando se acerca el momento para alimentarlo, observe señales que su bebé esté en sueño ligero. Si duerme profundamente, será difícil hacer que chupe el seno o un biberón.

Cuando su bebé tenga 3 ó 4 días de nacido, comenzará a alternar sueño profundo y ligero cada 30 a 40 minutos. Será más fácil anticipar cuándo está disponible para ser amamantado.

EL LLANTO DEL BEBÉ

LOS RECIÉN NACIDOS le dirán lo que quieren por medio del llanto. Ellos lloran cuando tienen hambre, están cansados o se sienten incómodos. Lloran cuando han tenido demasiada atención o no la suficiente.

Usted puede esperar que su bebé llore 2 ó 3 horas cada día. Algunos días puede ser más y otros menos. Estas son cosas que debe recordar:

¿Qué significa el llanto del bebé?

- **Su bebé llora porque esa es su manera de comunicarse.**
- **Responder al llanto del bebé ahora puede significar menos llanto en el futuro.**
- **Un recién nacido no puede ser "malcriado" si usted lo carga.** En algunas culturas, los bebés son cargados casi constantemente por sus madres. Hay estudios que muestran que los bebés mantenidos más cerca al padre o la madre realmente lloran menos.
- **Su bebé es diferente a cualquier otro.** Aunque algunas formas de tratar el llanto pueden haber funcionado para el bebé de su hermana o su vecina, usted tiene que reconocer lo que el suyo necesita.
- **Nunca cargue a su bebé cuando se sienta enojada o frustrada.** Póngalo en un lugar seguro, o deje que mientras tanto lo cargue otra persona y luego aléjese y cálmese.
- **Nunca estremezca bruscamente a su bebé.**

COSAS QUE PUEDE ENSAYAR PARA CALMAR EL LLANTO DEL BEBÉ

- **Aliméntelo.** Sí, incluso si ha pasado poco tiempo desde la última alimentación. El bebé tiene su propio horario, el cual no siempre sigue un reloj. La alimentación frecuente es normal.
- **Frote el estómago del bebé, o colóquelo sobre el brazo o las rodillas y frote su espalda.**
- **Siéntese en la silla mecedora.** Arrulle al bebé, o camine por la habitación mientras lo carga.
- **Examine la ropa del bebé.** Arrópelo más si tiene frío; quítele una prenda si tiene calor. Además, observe si el pañal debe ser cambiado.
- **Dé un paseo en automóvil, con el bebé asegurado en el asiento especial en la parte trasera del auto.**
- **Entienda que su bebé a veces puede llorar porque necesita actividad.** Esto es normal. Cuando suceda, permanezca con él, pues necesita saber que usted lo acompaña. También podría colocarlo en el suelo o un sofá mientras se sienta a su lado y observa cómo el bebé trata de calmarse. Por ejemplo, si ve que el bebé intenta chupar su puño o los dedos, puede ayudarlo usando el reflejo de agarrar. (Ver página 101).
- **Si se siente con estrés, llame a una amiga o vecina para que le cuide al bebé mientras se siente mejor.**

SEGURIDAD DEL RECIÉN NACIDO

USTED PUEDE mantener seguro a su bebé siguiendo estas pautas:

- **En el automóvil use siempre un asiento para bebé aprobado por las autoridades federales** —incluso cuando haga su primer viaje con el bebé del hospital a la casa—. El lugar más seguro para dicho elemento es en medio del asiento trasero, mirando hacia la parte de atrás del auto. Sí, eso puede ser incómodo, pero es una de las cosas más importantes que debe hacer para proteger al bebé. *Nunca* cargue a su bebé sobre sus piernas en un automóvil en movimiento.

- **Nunca deje al bebé solo en un vehículo.** Ni siquiera "por un minuto" mientras corre a la casa o una tienda a recoger algo.

- **Nunca deje al bebé solo en una superficie alta y llana, como por ejemplo una aparador.** Incluso un bebé muy pequeño puede avanzar a través de una superficie llana si sus pies encuentran algo con qué empujarse.

- **Ponga a dormir al bebé de espaldas, no boca abajo.** Recientes investigaciones han demostrado que los bebés que duermen de lado o de espaldas tienen menos probabilidad de sufrir del síndrome de muerte súbita (SMS).

- **Compruebe la seguridad de la camacuna del bebé.** Debe tener tablillas que no estén separadas más de 2⅜ pulgadas y el colchón debe ajustarse bien con el borde de la cama —no deberían caber 2 dedos entre el colchón y el marco—. Si la camilla es pintada, asegúrese de que se use pintura libre de plomo. Si no lo sabe, es mejor conseguir una nueva. No use cojinetes o almohadas en la camacuna, los bebés pueden sofocarse en sus blandas superficies. Tampoco deben dejarse juguetes junto al recién nacido. Mantenga la camacuna lejos de ventanas, plantas, cortinas, cuerdas eléctricas, o cualquier cosa que el bebé pudiera agarrar.

- **Sólo use chupetes comprados en tiendas.** Este es un artículo que no debería intentar hacer en casa. Examine el chupete frecuentemente estirando el bulbo, para asegurarse de que no está suelto, pegado o roto. Si se encuentra en malas condiciones, cámbielo inmediatamente.

¿Cómo saber si la camacuna del bebé es segura?

- **Nunca deje solo al bebé con una botella para que coma.** Sosténgalo siempre mientras lo alimenta.

- **Nunca caliente la leche (fórmula o natural) en un microondas.** El calentamiento no es uniforme y puede quemar la parte interna de la boca del bebé.

- **Evite que el bebé reciba rayos solares directos —la piel de un recién nacido es muy sensible— y no use repelentes contra insectos o cremas como filtros solares sobre el bebé durante al menos seis meses.**

- **No tome bebidas o alimentos calientes ni fume mientras carga a su bebé.**

- **No fume alrededor del bebé.** El humo puede causar enfermedades, incluyendo infecciones del oído y problemas respiratorios.

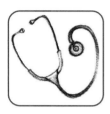

¿Cuándo llamo al
médico de mi bebé?

VISITAS A LA CLÍNICA

SI NO HA ELEGIDO a un médico para su bebé antes del nacimiento, debería hacerlo tan pronto como dé a luz.

Una visita al especialista usualmente es programada para 2 semanas después del parto. En dicha visita, el médico le dará un horario de chequeos regulares para su bebé, incluyendo las inmunizaciones que necesitará.

CUÁNDO LLAMAR AL MÉDICO

Usted puede no estar segura de cuándo su bebé está enfermo y necesita ver al médico, especialmente si se trata de su primer bebé. Algunas señales de que su bebé debe ser atendido son:

- **Una temperatura axilar superior a 100.5° F., o una temperatura rectal mayor a 101° F.**
- **Cambios en el comportamiento del bebé.** Por ejemplo, un bebé normalmente tranquilo se torne inquieto e irritable todo el día, o uno activo se torna soñoliento y flojo.
- **Vómitos.** No se refieren a escupir después de ser alimentado, lo cual es normal, sino a los vómitos de contenido estomacal.
- **Diarrea o estreñimiento.**
- **Si el bebé muestra un tono de piel amarillo y está muy soñoliento.**
- **Si el bebé muestra una piel azulada, o si comienza a toser.**
- **Si el bebé no está interesado en alimentarse durante más de 6 a 8 horas, o moja menos de 6 pañales en un período de 24 horas.**

No dude en llamar al médico si está preocupada por la salud de su bebé. Nadie pensará que es tonta por solicitar ayuda.

UNIDAD DE CUIDADO INTENSIVO NEONATAL (UCIN)

SI SU BEBÉ necesita un cuidado especial, será atendido en un cuarto de cuidado intensivo o unidad de cuidado especial, donde personal médico adicional le dará a su bebé una mayor probabilidad de un futuro saludable.

Cuando considere por primera vez la unidad de cuidado intensivo neonatal (UCIN), puede pensar que las máquinas, luces y sonidos son atemorizantes. El equipo de alta tecnología no es como usted pensaba que sería el ambiente inicial de su bebé, pero todo está ahí para satisfacer las necesidades particulares de su bebé y monitorear su condición.

Mientras el bebé esté en la UCIN, el personal médico le suministrará información, de tal forma que entienda lo que está sucediendo con su recién nacido.

PARA LOS COMPAÑEROS

A EXCEPCIÓN de la lactancia materna, usted puede hacer todo lo que hace su pareja ahora. Puede cargar, bañar y cambiarle el pañal al bebé. Puede hablarle o mecerlo en sus brazos. Puede asegurarse de que el bebé esté convenientemente situado en un asiento para bebé cuando utilice el automóvil y puede examinar la camacuna para comprobar que es segura. Y, si el bebé está tomando fórmula, puede incluso ayudar a alimentarlo.

Conozca al recién nacido y las bases de su cuidado, de tal forma que pueda estar activamente involucrado en la atención del bebé. Esto le dará tranquilidad a su compañera y será bueno para el bebé. También encontrará que es algo positivo para usted mismo.

PARA MÁS INFORMACIÓN

The Amazing Newborn por Klaus y Klaus.
The Baby Book por William y Martha Sears.
Caring for Your Baby and Young Child por S. Shelov, MD, y R. Hesherman, MD
The Newborn Mother: Stages of Her Growth por Andrea Boroff Eagan.
On Becoming A Family por T. Berry Brazelton.
Touchpoints por T. Berry Brazelton.
What Every Baby Knows por T. Berry Brazelton.
You and Your Newborn Baby por Linda Todd.

7 *Alimentando a su bebé*

La leche materna es la mejor fuente de nutrición para el bebé. El amamantamiento puede hacerla sentir más cerca a su bebé y hará que él se sienta más protegido y seguro.

Aunque la mayoría de mujeres dan pecho a sus bebés, algunas prefieren no hacerlo y muy pocas no pueden, por razones físicas y otras circunstancias. Con una fórmula preparada, usted puede aún brindarle a su bebé una experiencia cálida y amorosa mientras lo alimenta.

ALGUNAS DE LAS PREGUNTAS RESPONDIDAS EN ESTE CAPÍTULO INCLUYEN:

- ¿Cuáles son las ventajas de la lactancia materna?
- ¿Qué tan a menudo debería amamantar a mi bebé?
- ¿Qué debo hacer si no puedo estar con mi bebé cuando requiere alimentación?
- ¿Qué problemas podrían surgir durante la lactancia materna?
- ¿Qué debería saber sobre la alimentación con fórmula?

LACTANCIA MATERNA

LA LECHE materna es la forma natural y saludable de alimentar el bebé. Estudios muestran que bebés alimentados con leche materna tienen menos probabilidades de sufrir de resfriados, infecciones del oído y otras enfermedades. La lactancia materna disminuye el riesgo del síndrome de muerte súbita (SMS) y otros problemas de salud, incluyendo diabetes, alergias, asma y sobrepeso en años posteriores. A diferencia de la fórmula, la leche materna contiene ácidos grasos que promueven un desarrollo sano del cerebro. La Academia Americana de Pediatría recomienda que todos los bebés sean amamantados al menos el primer año.

¿Cuáles son las ventajas de la lactancia materna?

Las madres también se benefician con esta práctica. El cuerpo de las mujeres está diseñado para lactar y en la mayoría resulta ser una experiencia satisfactoria. La lactancia materna ayuda a controlar el sangrado después del parto y disminuye el riesgo de cáncer de mama premenopáusico, cáncer ovárico y osteoporosis. También estimula hormonas en el cuerpo de la mujer que promueven sensaciones de relajación y bienestar. Finalmente, usar leche materna en lugar de fórmula puede ahorrarle $1500 por año.

Amamantar al bebé por unas pocas semanas —o alternar leche materna y fórmula— es más saludable que no amamantarlo del todo. Muchas mujeres continúan amamantando después de regresar al trabajo. Los extractores empleados para obtener leche materna hacen más fácil tener una reserva disponible, esté o no usted presente para cada alimentación. En los Estados Unidos hay varios estados tienen leyes que protegen el derecho de la mujer a extraer leche materna en el trabajo para posteriores comidas.

Aunque el amamantamiento es natural, es una habilidad que usted y su bebé deben aprender. Después de todo, ninguno de los dos lo ha hecho antes. Asista a una clase de lactancia materna con anticipación patrocinada por su hospital local o La Leche League. Asista a la clase con su compañero u otra persona de apoyo. Ambos se beneficiarán de la información y motivación.

Después que su bebé nazca, puede practicar el amamantamiento permaneciendo junto a él el mayor tiempo posible, especialmente en las noches. Los bebés a menudo se alimentan mejor en horas nocturnas, así que aproveche las oportunidades de lactar en la noche. Algunos estudios muestran que madres y bebés duermen mejor cuando lo hacen juntos y esto hace más fácil la alimentación nocturna. Si las enfermeras del hospital alimentan a su bebé con biberón, sus senos no serán estimulados durante la noche, lo cual aumenta las posibilidades de sobrecargue o bajo suministro de leche.

EL SENO

Sus senos cambiaron mucho mientras estuvo embarazada, se hicieron más grandes y sensibles. Estos cambios fueron causados por el crecimiento de las células productoras de leche y un aumento del flujo sanguíneo hacia los senos. Si tiene piel clara, quizás podrá ver venas azules en ellos. Sus pezones pueden haberse agrandado y oscurecido y tal vez haya hinchazones en el área más oscura alrededor del pezón. Estas protuberancias son pequeñas glándulas que ayudan a mantener blandos los pezones y protegidos de las bacterias cuando esté lactando. El jabón puede eliminar el efecto protector, así que lave sus senos sólo con agua tibia.

Algunas mujeres tienen un ligero goteo de leche en los últimos meses de embarazo. Esta espesa leche amarillenta, llamada

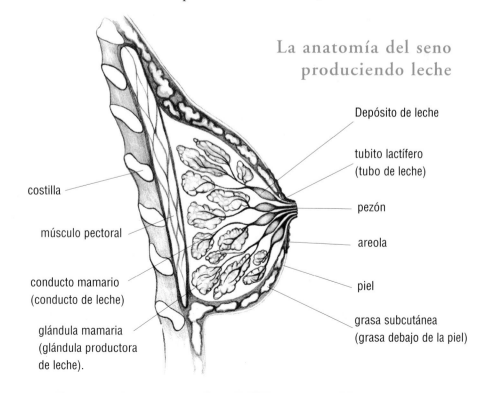

La anatomía del seno produciendo leche

Depósito de leche

tubito lactífero (tubo de leche)

pezón

areola

piel

grasa subcutánea (grasa debajo de la piel)

costilla

músculo pectoral

conducto mamario (conducto de leche)

glándula mamaria (glándula productora de leche).

calostro, es el primer alimento que tendrá el bebé. Los senos están produciéndolo, incluso si no es observado antes del parto.

Después que el bebé nace, sus senos producirán calostro durante varios días. Esta leche le da muchas ventajas al bebé, incluyendo protección contra muchas enfermedades. También ayuda a que el bebé produzca **meconio**, o sus primeras materias fecales.

La leche es producida en células especiales del seno, luego es liberada hasta el pezón. La hormona llamada oxitocina hace que la leche sea liberada. Esto llamado **reflejo de liberación**. Dos a cuatro días después del nacimiento del bebé, sus senos se sentirán más llenos y pesados, mientras aumenta su producción de leche. Alimentaciones frecuentes evitarán que sus senos se sobrecarguen.

COMENZAR LA LACTANCIA

LA MAYORÍA de bebés pueden ser amamantados al nacer, pero a veces necesitan un poco de ayuda para comenzar. Es posible que su bebé en principio no esté interesado. No hay problema. Usted puede empezar cargando el bebé cerca a su seno dejando que lama o toque su pezón. El abrazo piel a piel es una gran forma de pasar el tiempo con el bebé; también es una gran actividad para su compañero y el bebé. Esto ayudará a su bebé a alistarse para la lactancia materna.

Para ayudar a iniciar el amamantamiento, siga estos pasos:

Para iniciar la lactancia materna, adopte una posición cómoda para usted y su bebé, con su espalda y brazos apoyados. Puede ser de ayuda que doble su pierna en una silla o use un escabel.

- **Busque la comodidad.** Una silla acolchonada puede ser más cómoda que la cama del hospital. Mantenga varias almohadas a la mano.
- **Cargue a su bebé de tal forma que su estómago quede frente al suyo.** Use almohadas para apoyar sus brazos en una posición confortable. Siéntese derecha. Lleve al bebé hacia su seno en lugar de lo contrario.
- **Exponga su seno al bebé.** Tome su seno con su pulgar sobre la parte superior y los otros dedos debajo, configurando una forma de "C" detrás de la areola. La palma de su mano descansará bajo su seno.
- **Estreche el contacto de su bebé.** Recuerde mantener una posición estómago a estómago.

- **Haga que el bebé abra la boca.** Suavemente frote su pezón a través del labio inferior de su bebé. Si usted abre bien la boca y dice "ah", su bebé aprenderá a imitarla.
- **Mueva al bebé sobre el seno. El pezón y la mayor parte de la areola deben estar dentro de su boca.** Hágalo hasta que el bebé se acomode y empiece a chupar. No se incline hacia el bebé. Asegúrese de que su nariz, pecho y rodillas la están tocando.

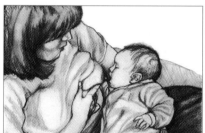 

Use su mano libre para coger parcialmente el seno y guiarlo hacia la boca del bebé. Asegúrese de introducir en la boca del bebé todo el pezón y la mayor parte de la areola.

- **La boca del bebé debe estar bien abierta sobre el seno.** Usted deberá sentir un fuerte tirón cuando el bebé chupa, pero no tiene qué sentir dolor. Su compañero o enfermera deberán informarle si el labio inferior del bebé se ha desacomodado. El labio inferior debe estar sobre la areola, al menos a media pulgada de la base del pezón.
- **Despegue al bebé del seno si no está en la posición apropiada.** Cuando la boca del bebé no está en la posición correcta, notará: Poca o ninguna succión, manotadas o chasqueo, labios cercanos entre sí, hoyuelos en las mejillas del bebé con cada mamada, visibilidad de la mayor parte de la areola y dolor en el pezón no disminuye al amamantar.
- **Escuche la deglución.** Después de unos minutos puede empezar a oír degluciones. Esta es una señal de flujo de la leche. Para estimular esta liberación, relájese, imagine su leche fluyendo hacia el bebé, o cante o hable a su recién nacido.
- **Interrumpa la succión con cuidado para apartar al bebé del seno.** Nunca retire el bebé del seno sin interrumpir la succión. Ponga su dedo en la esquina de la boca del bebé entre sus encías y suavemente interrumpa la succión.

POSICIONES PARA LA LACTANCIA MATERNA

Hay un gran número de posiciones para la lactancia. Ensaye varias de ellas y vea cuáles son las más cómodas para usted y su bebé. Algunas madres y bebés llegan a preferir una posición en especial.

Posición de cuna

Esta es la clásica posición para amamantar. En ella usted acuna la cabeza del bebé en el pliegue del brazo sobre el mismo lado del seno. Si el bebé se está alimentando del seno izquierdo, la cabeza descansará en el pliegue de su mano izquierda. Use su otra mano para levantar el seno, circundando parcialmente el pezón con el pulgar sobre la parte superior y los otros dedos debajo. Con el pezón toque el labio de su bebé o el contorno de la boca, para que ésta se abra e introduzca el seno. Lleve la cabeza del bebé hacia su seno moviendo el brazo doblado (no se incline hacia el bebé, pues puede originarse un dolor de espalda).

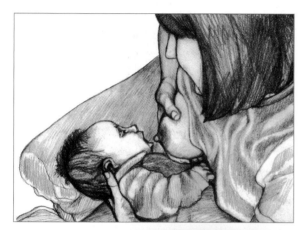

En esta posición, usted sostiene el cuello y parte de la cabeza del bebé con la mano opuesta al seno que está siendo usado, mientras el cuerpo del recién nacido yace a través de su cuerpo. Si el bebé se está alimentando del seno izquierdo, su mano derecha sostendrá la cabeza y los pies del bebé descansarán sobre su lado derecho. Ponga la cara del bebé frente al seno y use su mano libre para cogerlo. Coloque su pulgar ligeramente al lado, a un poco más de una pulgada de su pezón y su dedo índice opuesto al pulgar. Con el pezón toque el labio del bebé o el contorno de su boca, de tal forma que ésta se abra e introduzca el seno. Luego mueva la cabeza del bebé hacia usted, hasta que empiece a mamar.

Posición cruzada

Posición de fútbol

Esta posición libera de su abdomen el peso del bebé, lo cual es especialmente bueno después de un parto por cesárea. Con el recién nacido mirando hacia usted, sosténgale todo su cuerpo, incluyendo la parte posterior del cuello y la cabeza, con la mano del mismo lado del seno que se está usando. Si el bebé se está alimentando del seno izquierdo, su mano izquierda debería sostenerlo, mientras la parte inferior del cuerpo del bebé descansa sobre la cama o silla en que se encuentran sentados con los pies dirigidos hacia el respaldo de la misma. Use la mano opuesta para levantar el seno, con el pulgar sobre la parte superior del pezón y el dedo índice debajo. Toque el labio de su bebé con el pezón para que abra la boca e introduzca el seno. Luego mueva la cabeza del bebé hacia usted, hasta que empiece a mamar.

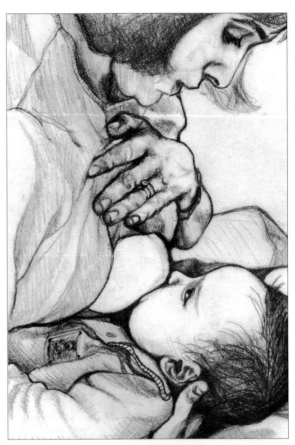

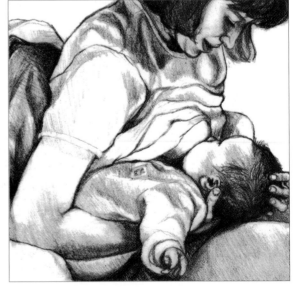

Posición acostada de lado

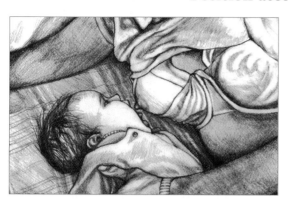 

Acostada de lado, coloque también al bebé en esta posición, de tal forma que su cara quede frente al seno. Si está sobre su lado izquierdo, el bebé estará sobre su lado derecho. Coloque su mano izquierda bajo el bebé, manteniéndolo cerca a usted. Tal vez necesite una almohada debajo del recién nacido, de tal forma que la lactancia sea más cómoda para ambos. Use su mano opuesta para levantar el seno, con el pulgar sobre la parte superior del pezón y el dedo índice debajo. Toque el labio del bebé con el pezón para que abra la boca e introduzca el seno. Luego mueva la cabeza del bebé hacia usted hasta que empiece a mamar.

Lactancia de gemelos

Si tiene gemelos, a veces podrá amamantarlos a ambos al mismo tiempo. Esto lo puede hacer más fácil con la posición de fútbol, la posición de cuna, o una combinación de las dos. La parte más difícil de alimentar dos bebés simultáneamente es conseguir que cada uno empiece a utilizar un seno. Quizás necesitará ayuda en las primeras semanas.

FRECUENCIA DE LA LACTANCIA MATERNA

Especialmente al principio, su bebé necesita estar a cargo de la frecuencia y duración del amamantamiento. Mientras el bebé crece y aumenta el suministro de leche de su cuerpo, el bebé tomará más en cada alimentación y las dosis serán más separadas.

Los recién nacidos usualmente se alimentan de la madre 8 a 12 veces en 24 horas, o aproximadamente cada 1½ a 3 horas al día. Al igual que los adultos, los bebés necesitan ser alimentados cuando tienen hambre y ellos no necesariamente requieren alimento en horas predecibles. Algunos bebés agrupan varias alimentaciones y luego esperan un tiempo para la siguiente. Esto es llamado "alimentación acumulada".

Es importante que observe las señales de hambre del bebé. Si se chupa los dedos, mueve la boca, o se dirige al seno cuando es cargado, el bebé está pidiendo ser alimentado. Si no recibe alimento empezará a llorar, lo cual es una señal de hambre tardía.

Algunos bebés no piden ser alimentados con la suficiente frecuencia. Si su bebé no está comiendo al menos 8 veces en un período de 24 horas, puede necesitar el inicio de más alimentaciones, incluso cuando no muestre señales de hambre.

En principio, su bebé puede quedarse dormido durante el amamantamiento, dormitar un rato y luego despertarse para alimentarse más. Usted puede ayudar a que su bebé se despierte, estimulándole los pies, la espalda o las piernas. Deje siempre que el bebé finalice el primer seno. Cuando se despegue del pezón o se haya quedado dormido, sáquele los gases y luego ofrézcale el otro seno. Algunos bebés se llenan con un sólo seno, lo cual es perfectamente normal. En la siguiente alimentación comience con el otro.

Los recién nacidos tienden a alimentarse más a menudo de lo que sus padres esperan. Las comidas frecuentes y largas (10 a 30 minutos) en los primeros días aumentarán su reserva de leche, estimularán el sistema inmunológico del bebé, ayudarán a que éste gane peso más pronto, limitarán el riesgo de ictericia y disminuirán la posibilidad de mala alimentación. Hace años, a las madres se les aconsejaba amamantar sólo unos cuantos minutos con cada seno, a fin de prevenir dolor y agrietamiento de los pezones. Ahora sabe-

¿Qué tan a menudo debería amamantar a mi bebé?

mos que este dolor no es causado por largas sesiones alimenticias, sino por el acople incorrecto de la boca del bebé en el pezón.

A las seis semanas de edad, muchos bebés reciben pecho cada 2 a 3 horas, "acumulando" a veces comidas al atardecer y durmiendo más durante la noche. Si su bebé a esta edad come más en la noche, usted puede despertarlo varias veces en el día para alimentarlo. Después de un tiempo, su horario de alimentación cambiará. Durante los siguientes meses, su bebé puede continuar despertándose al menos una vez por la noche para alimentarse. Esto es normal.

Además de la fuerte succión que suelen hacer para obtener su leche, algunos bebés se dedican a mamar suavemente para satisfacer una necesidad básica de cercanía y confort. Si usted y su bebé disfrutan esta cercanía, está bien dejar que dicha práctica continúe. Sin embargo, si le duelen los pezones, tal vez deba limitarla hasta que sanen. (Ver en la página 109 ideas de comodidad para el bebé).

LACTANCIA MATERNA EN CASA

- **Escoja un lugar tranquilo y agradable para lactar.** Establezca un área de lactancia en una parte relativamente tranquila de la casa y use una silla que sea cómoda para usted con el bebé en los brazos. La silla (o sofá) debe ser lo suficientemente acolchonada para que pueda adoptar una posición cómoda y estar sentada por un rato.
- **Cuando se siente a lactar, tenga al alcance un vaso con leche, jugo o agua.** Posiblemente tendrá más sed al estar amamantando.
- **Tenga un teléfono cerca, para que no pararse cuando suene.**

AMAMANTAR EN PÚBLICO

Puede ser difícil que se imagine dándole pecho a su bebé en público. Si no le agrada la idea de lactar a su bebé fuera de la casa, no hay problema. Algunas mujeres deciden extraer su leche y almacenarla en biberones para alimentaciones en público.

Sin embargo, otras se sienten muy bien amamantando a sus bebés en cualquier parte. La práctica y tal vez el uso de camisas extragrandes y cobijas para bebé, hacen que la lactancia materna frente a otra gente sea una opción conveniente, natural y saludable para muchas mujeres.

Expulsar los gases del bebé

Su bebé puede tragar aire mientras es amamantado o está llorando. Esto puede hacerlo sentir mal, así que tal vez deba expulsarle los gases a su bebé cada vez que cambie de seno durante una alimentación y tal vez de nuevo al finalizar la sesión alimenticia.

No se preocupe si el bebé no expulsa gases. Los bebés amamantados tienden a tragar menos aire que los alimentados con biberón, por ello pueden necesitar menos esta ayuda, especialmente durante los primeros días.

La posición más común para expulsar gases es apoyar el bebé sobre el hombro mientras se le dan unas palmaditas en su espalda. Usted puede encontrar ésta como la postura más natural y cómoda, pero hay otras que también podría ensayar:

- Siente al bebé en sus piernas, mirando hacia el lado. Apoye la cabeza del bebé con una mano debajo de la mandíbula, mientras suavemente palmotea o masajea la parte inferior de su espalda.
- Coloque al bebé boca abajo, a través de sus rodillas, mientras le palmotea o masajea la espalda.

Su bebé puede expulsar algo de leche junto con el aire. Esto no es algo de qué preocuparse. Sin embargo, su bebé puede vomitar lo que parece toda una comida, en lugar de escupir sólo un poco de leche. Si esto sucede más de una vez, o si la leche sale con fuerza, deberá llamar a su médico, especialmente si su bebé también tiene fiebre.

Usted puede expulsar los gases del bebé sentándolo sobre sus piernas, mirando hacia el lado, masajeándolo o dándole palmaditas en la espalda.

CÓMO SABER SI EL BEBÉ ESTÁ CONSUMIENDO SUFICIENTE LECHE

Si su bebé tiene cerca de una semana de nacido, use la siguiente lista para asegurarse de que está consumiendo suficiente leche:

__ Está lactando al bebé al menos 8 a 12 veces en 24 horas.

__ Puede oír al bebé tragando mientras lo amamanta.

__ Sus senos están más llenos antes de una alimentación y más blandos después.

__ El bebé está utilizando al menos 6 pañales en 24 horas.

__ El bebé está produciendo en 24 horas 4 o más evacuaciones amarillas del vientre, del tamaño de una moneda de 25 centavos o más grande.

__ El bebé se calma un rato entre algunas sesiones alimenticias.

__ El bebé está ganando peso. (Si tiene dudas, llame al médico para un chequeo del peso).

__ El bebé está alerta y activo durante períodos despierto.

La lactancia materna trabaja sobre una base de oferta y demanda. Si usted amamanta a su bebé cada vez que le pida alimento, usualmente de 8 a 12 veces en un período de 24 horas, entonces casi con seguridad creará abundante leche. Si trata de lactar en un horario rígido o limita el tiempo del bebé en el seno, decrecerá su reserva de leche. Para crear más leche, alimente al bebé frecuentemente y permítale mamar todo el tiempo que desee.

A medida que su bebé crece tomará más leche. Habrá días en que usted sentirá que todo lo que hace es amamantar al bebé. Los crecimientos acelerados ocurren alrededor de las 2 ó 3 semanas, 6 semanas, 3 y 6 meses. Durante estos períodos, su bebé parece no estar satisfecho. Usted puede pensar que ha perdido su leche o que es insuficiente. Casi todas las madres lactantes experimentan esto. Simplemente dé pecho a su bebé más tiempo y más frecuentemente y después de uno o dos días su reserva de leche aumentará. La buena nutrición, junto con el máximo descanso posible, le ayudará a mantenerse saludable al igual que su provisión de leche.

Use el diario de lactancia anotado a continuación. Si cree que su bebé no está tomando suficiente leche en la primera semana, llame a su médico, un especialista en lactancia, o La Leche League.

DIARIO DE LACTANCIA MATERNA DE LA PRIMERA SEMANA
Encierre en un círculo la hora en que alimenta a su bebé con leche materna. Ponga una "A" encima de la hora del día si su bebé utilizó ambos senos. Si se alimentó de sólo uno, ponga "I" para el seno izquierdo o "D" para el derecho. Encierre la M cuando su bebé moje un pañal. Encierre la "S" cuando el bebé tenga un pañal sucio. Lo mejor sería usar pañales de tela o desechables baratos durante la primera semana de vida de su bebé. Esto le facilitará saber si el bebé se ha orinado.

Fecha de nacimiento: _____/_____/_____ Hora: _____ AM PM

DÍA UNO:
Hora de lactancia:
12 1 2 3 4 5 6 7 8 9 10 11 12 1 2 3 4 5 6 7 8 9 10 11
OBJETIVO: 8 a 12 veces por día
Deglución audible: Sí   No
Pañal mojado: M
Pañal ensuciado negro: S

DÍA DOS:
Hora de lactancia:
12 1 2 3 4 5 6 7 8 9 10 11 12 1 2 3 4 5 6 7 8 9 10 11
OBJETIVO: 8 a 12 veces por día
Deglución audible: Sí   No
Pañal mojado: M   M
Pañal ensuciado negro: S   S

DÍA TRES:
Hora de lactancia:
12 1 2 3 4 5 6 7 8 9 10 11 12 1 2 3 4 5 6 7 8 9 10 11
OBJETIVO: 8 a 12 veces por día
Deglución audible: Sí   No
Pañal mojado: M   M   M
Pañal ensuciado verde: S   S

DÍA CUATRO:

Hora de lactancia:

12 1 2 3 4 5 6 7 8 9 10 11 12 1 2 3 4 5 6 7 8 9 10 11

OBJETIVO: 8 a 12 veces por día

Deglución audible: Sí   No

Pañal mojado: M   M   M   M

Pañal ensuciado amarillo: S   S   S

DÍA CINCO:

Hora de lactancia:

12 1 2 3 4 5 6 7 8 9 10 11 12 1 2 3 4 5 6 7 8 9 10 11

OBJETIVO: 8 a 12 veces por día

Deglución audible: Sí   No

Pañal mojado: M   M   M   M

Pañal ensuciado amarillo: S   S   S

DÍA SEIS:

Hora de lactancia:

12 1 2 3 4 5 6 7 8 9 10 11 12 1 2 3 4 5 6 7 8 9 10 11

OBJETIVO: 8 a 12 veces por día

Deglución audible: Sí   No

Pañal mojado: M   M   M   M

Pañal ensuciado amarillo: S   S   S   S

DÍA SIETE:

Hora de lactancia:

12 1 2 3 4 5 6 7 8 9 10 11 12 1 2 3 4 5 6 7 8 9 10 11

OBJETIVO: 8 a 12 veces por día

Deglución audible: Sí   No

Pañal mojado: M   M   M   M   M   M

Pañal ensuciado amarillo: S   S   S   S

Si su bebé no está alimentándose 8 a 12 veces al día o parece estar
haciéndolo todo el tiempo, o si tiene menos pañales mojados o ensuciados que el número en el diario, llame al médico.

¿Qué debo hacer
si no puedo estar
con mi bebé
cuando requiere
alimentación?

CUANDO SE ENCUENTRA LEJOS DE SU BEBÉ

LA LACTANCIA materna exclusiva durante las primeras 3 a 4 semanas servirá para establecer su reserva de leche y le ayudará a su bebé a desarrollar un sólido patrón de lactancia. Entre más tiempo se mantenga alimentando a su bebé sólo con el seno, más fácil será el "ritmo" de lactancia entre los dos.

Pero usted puede estar regresando al trabajo, o tal vez desee tiempo adicional lejos de su bebé. Durante estos tiempos, su bebé puede ser alimentado con taza —o biberón, si lo prefiere— y usted también puede continuar lactando. Una o dos alimentaciones con taza a la semana puede ayudar a que su bebé acepte comida de otra persona ocasionalmente. Para información acerca de alimentación con biberón, vea la página 137. Para información sobre alimentación con taza, consulte a un especialista en lactancia, La Leche League, o un médico. También puede pedirle al personal del hospital que le demuestren esta técnica después que nazca su bebé.

La mejor nutrición para su bebé se origina de su leche materna. Incluso si ocasionalmente alimenta a su bebé con taza o biberón, es mejor que le dé su leche materna exprimida, en lugar de usar una fórmula preparada.

EXPRIMIR LECHE

Puede exprimir leche con la mano de la siguiente forma:

- Rodee su seno firmemente con su pulgar encima del pezón y las yemas de los otros dedos abajo, aproximadamente 1½ pulgada atrás del pezón.
- Presione hacia su pecho, luego exprima suavemente. Pídale a una enfermera que le enseñe esto en el hospital.

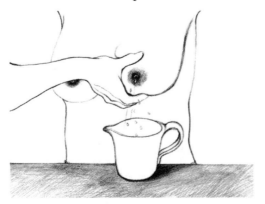

Incluso si no puede estar presente para una alimentación, podría exprimir y guardar leche materna para su bebé.

Hay una variedad de extractores de leche para el seno disponibles, desde extractores operados manualmente, hasta las más complejas máquinas eléctricas. Si necesita exprimir leche sólo ocasionalmente, un extractor manual probablemente sería lo apropiado. Si va a regresar a su vida laboral, o si frecuentemente debe estar lejos de su bebé, tal vez requiera alquilar o comprar un extractor eléctrico, lo cual le permitirá exprimir más leche rápidamente. (Pregúntele al especialista en lactancia o al médico el lugar donde puede comprar o alquilar un extractor efectivo). Los extractores deben ser limpios, durables, cómodos, confiables, fáciles de usar y no demasiado ruidosos. Los extractores dobles ahorran tiempo y son más efectivos para estimular su reserva de leche.

Si piensa comprar un extractor usado o compartir uno con alguien más, contacte al fabricante para saber si es seguro hacerlo.

ALMACENAR LECHE

La leche exprimida del seno puede ser almacenada en botellas, bolsas o botellas plásticas. La siguiente tabla muestra pautas para congelar y almacenar leche materna. **Nunca use un microondas para descongelar o calentar leche.** Los nutrientes importantes pueden ser destruidos y las partes calientes creadas en la leche pueden quemar la boca y la garganta del bebé. Sólo coloque el contenedor de leche en un tazón con agua caliente durante unos cuantos minutos. No congele por segunda vez la leche materna.

Pautas de almacenamiento de leche materna

	Temperatura ambiente	Refrigerador	Congelador del refrigerador	Congelador
Leche materna recientemente extraída	5 horas	5 días	5+ meses	12 meses
Leche materna descongelada (previamente congelada)	No almacene	24 horas	Nunca congele de nuevo leche descongelada	Nunca congele de nuevo leche descongelada

CHUPETES

Hay evidencia de que usar un chupete muy pronto —o muy a menudo— puede interferir con la lactancia materna. Para establecer una sólida reserva de leche, no deje que sus senos se sobrecarguen, practique técnicas de amamantamiento, permita que el bebé satisfaga en el seno su necesidad de chupar, en lugar de usar un chupete. Si va a emplear uno, espere a que el recién nacido tenga 2 semanas de edad y limite su utilización a 30 minutos por día. También puede dejar que su bebé chupe sus dedos y no el chupete.

REGRESO AL TRABAJO

Con un poco de planeamiento y organización adicional, es posible que alimente con leche materna a su bebé incluso después de que se haya reintegrado a la vida laboral. Hay varias formas de hacer esto:

- Extraiga la leche en el trabajo. Muchos estados exigen que los empleadores den tiempo y espacio para que las mujeres extraigan su leche materna. Esto le permite a las madres suministrar dicha leche a sus bebés en las guarderías.
- En lugar de extraer su leche materna en el trabajo, dele pecho a su bebé en la mañana, al atardecer y en la noche. Su habilidad para mantener una buena reserva de leche puede depender de qué tan a menudo amamante al bebé cuando no esté en el sitio de trabajo.
- Duerma con su bebé, alimentándolo cuando pueda durante la noche, para ayudar a mantener la reserva de leche.

Para mujeres que regresan a la vida laboral es común que disminuya la reserva de leche. Usted podría adquirir un buen extractor de leche y usarlo varias veces al día durante 2 semanas antes de que se reintegre a su trabajo. Esto aumentará su reserva de leche y compensará la disminución causada por el regreso al trabajo. También tendrá una reserva en el congelador para días en que esté muy ocupada.

PROBLEMAS EN LA LACTANCIA MATERNA

UNA LACTANCIA materna exitosa significa que usted alcance sus propios objetivos de alimentación de su bebé, no los que otras personas le han establecido. Algunas mujeres experimentan problemas ocasionales al lactar; sin embargo, con apoyo e información adecuada, la mayoría de estos inconvenientes pueden ser superados. Asegúrese de consultar a un especialista en lactancia, a su médico, o a La Leche League, cuando tenga preguntas o preocupaciones al respecto. Algunas de las inquietudes más comunes son discutidas en las páginas siguientes.

¿Qué problemas podrían surgir durante la lactancia materna?

EL BEBÉ NO SE ACOPLA AL PEZÓN

Los recién nacidos no siempre se acoplan al pezón inmediatamente para empezar a alimentarse. Puede haber varias razones para esto. Algunos bebés desarrollan cierto hábito de chupar en el útero y necesitan tiempo para adaptarse y mamar apropiadamente. Otros recién nacidos pueden tener el sueño de un largo proceso de parto o de medicaciones que la madre recibió en este tiempo. Los bebés pueden sentir dolor del parto o la circuncisión. Finalmente, algunas madres tienen pezones llanos o invertidos, lo cual puede hacer difícil el acoplamiento.

Todas estas inquietudes pueden ser tratadas en el hospital. Los padres pueden también consultar a un especialista en lactancia o a La Leche League.

DIFICULTADES CON EL FLUJO DE LECHE

En los primeros días de lactancia materna, usted puede sentir que su leche no "fluye" en el seno. Relájese, tome líquidos, masajee sus senos, use compresas calientes, o estimule sus pezones para liberar la leche. Cuando oiga que el bebé traga, o vea que sale leche de su otro seno, sabrá que la liberación ha ocurrido. Algunas mujeres sienten un hormigueo en el seno cuando la leche está fluyendo.

DOLOR EN LOS PEZONES

El dolor en los pezones puede ser una pequeña irritación o un problema más serio. A menudo este dolor ocurre cuando el bebé chupa la punta del pezón en lugar de la mayor parte o toda la areola. Las siguientes son sugerencias para prevenir o minimizar dicho dolor:

- Si su seno está sobrecargado, haga masajes suaves para exprimir un poco de leche y ablandarlo. Esto ayudará a que el bebé se acople al seno y comenzará el flujo de leche.
- Ponga en contacto el labio inferior del bebé con su pezón. Esto hará que el bebé abra la boca. Cuando ésta se encuentre bien abierta, introduzca la mayor parte posible de areola y vea que los labios del bebé están en la posición correcta (fruncidos como un pez).
- Alimente a su bebé con frecuencia, comenzando con el lado menos doloroso. Su bebé será menos brusco al tener menos hambre.
- Ensaye una nueva posición en cada sesión de lactancia, para disminuir la presión sobre cualquier área dolorosa.
- Seque bien sus pezones después de cada alimentación, exponiéndolos al aire durante 15 a 20 minutos. Evite los absorbentes o protectores con forro plástico; pueden mantener humedad cerca a sus pezones.
- No use jabón sobre sus pezones, pues éstos tienen glándulas especiales que los mantienen flexibles y protegidos. El jabón puede interferir este proceso. Lave sus senos con sólo agua tibia.
- Frote leche materna exprimida sobre sus pezones. Esta leche tiene propiedades curativas naturales. También puede usar lanolina para lubricar los pezones, si presentan dolor.
- Si sus pezones le duelen y no desea amamantar, hable con el especialista en lactancia o su médico lo más pronto posible. Entre más rápido trate este problema, más fácil será corregido.

SOBRECARGA DE LOS SENOS

Unos pocos días después que nazca su bebé, líquido y leche pueden acumularse en sus senos y hacerlos sentir duros, calientes y dolorosos. Esto es llamado **sobrecarga**. La mejor prevención es la lactancia frecuente. Otras sugerencias preventivas incluyen:

- Evite alimentación de fórmula y chupetes en los primeros días y permita que el bebé satisfaga su necesidad de chupar en el seno el mayor tiempo posible.
- Masajee sus senos para estimular el flujo de leche.

Masejear sus senos suavemente con ambas manos puede ayudar a aliviar el dolor producido por la sobrecarga de leche en los senos.

- Ponga una compresa caliente sobre sus senos unos cuantos minutos antes de lactar, con ello ayudará la liberación de leche.

- Si el bebé no es amamantado bien, o si sus senos están incómodamente llenos después de la sesión alimenticia, use un extractor de leche durante 10-15 minutos para descongestionar los senos.

- Use compresas de hielo durante aproximadamente 20 minutos después de lactar, para ayudar a aliviar la hinchazón.

- Considere una medicación para el dolor, tal como el ibuprofen, para ayudar a aliviar el malestar.

CONDUCTOS DE LECHE TAPONADOS E INFECCIONES DEL SENO

Un conducto de leche tapado es una hinchazón en el seno que usualmente ocurre en sólo un lado. Puede ser algo incómodo. El calor, los masajes y la frecuente lactancia materna pueden ayudar a sacar el tapón. Si el problema no se resuelve en dos o tres días, llame a un especialista en lactancia o un médico.

Un área dolorosa, caliente y roja en el seno —junto con síntomas similares a los de la gripe, tales como escalofríos, dolor, o una temperatura mayor a 100.4 °F— puede indicar una infección en el seno. Si piensa que tiene esta infección, es necesario que vea al médico lo más pronto posible. Dígale al doctor o a la enfermera que usted está lactando, para que le puedan prescribir medicamentos que no afecten dicho proceso. También deberá:

- Vaciar sus senos completamente y a menudo. Si el bebé no puede hacer esto, alquile un extractor de leche eléctrico de alta calidad. También debería tener a su disposición un especialista que examine si el bebé está mamando correctamente.

- Aplicar calor y/o frío y tomar ibuprofen para reducir dolor e inflamación.

- Descansar en cama junto al bebé el mayor tiempo posible y tomar mucho líquido.

RESERVA DE LECHE

Recuerde, entre más amamante a su bebé, mayor será su reserva de leche. A menos que su médico o especialista en lactancia lo recomiende, trate de no alimentarlo con fórmula. Esto puede disminuir su reserva de leche. Siga las siguientes sugerencias:

- Amamante desde el comienzo y a menudo, descanse cuando pueda, coma bien y tome mucho líquido.
- Si su bebé gana peso lentamente, llévelo a la clínica para que lo chequeen frecuentemente.
- Use un extractor eléctrico doble de alta calidad para ayudar a incrementar su reserva de leche.
- Vea las páginas 127-129 para asegurarse de que su bebé está consumiendo suficiente leche.
- Visite un especialista en lactancia, quien puede observar si el bebé tiene una posición adecuada y la mamada es correcta.

SENOS GOTEANDO

Algunas mujeres encuentran que, cuando ya han estado lactando durante aproximadamente una semana, el llanto del bebé de otra persona puede hacer que la leche empiece a salir de sus senos. Esto puede ser molesto con el tiempo. Para controlar dicho problema:

- Use absorbentes o pañuelos de algodón doblados en su sostén y cargue extras. Evite absorbentes con forro plástico.
- Si no puede alimentar a su bebé en ese momento, doble sus brazos a través de sus senos y presione hacia adentro sobre sus pezones para detener el flujo.

EL BEBÉ RECHAZA O SE APARTA DEL SENO

A veces, su bebé se detendrá en medio de la alimentación, aunque no parezca haber tomado suficiente leche, o, al tener más tiempo de nacido, puede apartarse del seno completamente. Hay varias razones por las que su bebé rechaza el seno:

- Puede estar resfriado. Esto puede volverlo irritable y hacer difícil que respire mientras se alimenta. La lactancia materna ayuda a que el bebé se recupere más pronto.
- Su bebé tal vez necesite que se le expulsen los gases. El aire en el estómago puede hacer que se sienta mal al alimentarse del seno.
- La leche puede salir tan rápido que su bebé no puede tomarla eficazmente. Antes de lactar exprima un poco para disminuir el flujo, o utilice una silla reclinable, con el bebé en la parte superior de su cuerpo. Si su bebé está ganando peso apropiadamente, trate de alimentarlo con un seno por sesión. Si el flujo de leche no mejora, hable con un especialista en lactancia.

- Su bebé puede tener una infección por levadura, llamada **ubrera,** que hace incómoda su alimentación. Si observa una capa blancuzca en la boca de su bebé que no se puede limpiar con un trapo, llame a su médico. La infección puede causar dolor en los pezones y transmitirlo a todo el seno. Si una infección de este tipo es diagnosticada, asegúrese de que tanto usted como su bebé sean tratados. De otra manera, podrían transmitirse el problema entre sí.

ALIMENTACIÓN CON BIBERÓN

LA LECHE materna es el mejor alimento para los bebés, pero las fórmulas han sido creadas para proveer nutrición a niños que serán amamantados parcialmente o que no recibirán pecho en lo absoluto.

Los bebés menores de un año deben ser alimentados con fórmulas fortalecidas con hierro, no la normal leche de vaca. Hable con el médico de su bebé acerca del tipo de fórmula a usar.

Líquido concentrado o fórmulas en polvo necesitan mezclarse con agua. Si vive en una ciudad con acueducto, use el agua de tubo, para que su bebé consuma suficiente fluoruro y otros minerales. Si el agua tiene cloruro, probablemente no necesitará hervirla antes de usarla. Si tiene agua de pozo, haga que sea examinada por un laboratorio certificado a fin de asegurarse que es segura para el consumo, tenga suficiente fluoruro y no presente nitratos. Si prefiere mezclar líquido concentrado o fórmula en polvo con agua embotellada, primero averigüe su fuente y calidad (muchas veces proviene de pozos). Al igual que el agua de pozo, la de botella debe contener fluoruro —un nutriente necesario— y estar libre de nitratos. Si utiliza un filtro casero, consulte al fabricante para asegurarse de que dicho aparato no remueva el fluoruro del agua.

Hay una gran variedad de biberones y tetillas disponibles. Una tetilla brinda un amplio suministro de leche y es fácil de chupar para el bebé. Sin embargo, a veces el flujo de leche por esta tetilla es muy rápido y posiblemente el bebé no pueda mantener dicho ritmo. Si esto sucede, trate de apretar la tapa alrededor de la tetilla para disminuir el flujo. A veces encontrar la tetilla "apropiada" es un proceso de ensayo y error y lo que es conveniente para su bebé puede no serlo para el de su hermana o vecina.

¿Qué debería saber sobre la alimentación con fórmula?

PREPARACIÓN DE FÓRMULAS

- **Use una fórmula fresca.** No la use después de la fecha de vencimiento. Almacene en el refrigerador cualquier fórmula abierta que no use y bótela después de 48 horas. Si el bebé deja un remanente en su biberón después de ser alimentado, deséchelo y lave bien el recipiente.

- **Limpie bien los biberones entre comidas.** Use agua caliente y jabonosa para lavar biberones, tetillas y tapas. Un cepillo para botellas debe ser usado para fregar el interior del biberón y la tetilla. Enjuague todo bien.

- **Puede dar fórmula a cualquier temperatura segura, sin preocuparse por una que sea particularmente "correcta".** Algunos bebés toman fórmula directa del refrigerador, otros la prefieren tibia. Una forma fácil de calentar el contenido es colocarlo bajo agua caliente de tubo, o ponerlo en un tazón con agua caliente durante varios minutos. **Nunca** caliente la fórmula en un horno microondas. Pruebe el calor del alimento del bebé usando la parte interna de su muñeca antes de suministrarlo.

- **Cuando use fórmula líquida concentrada:** Limpie la parte superior del envase y luego sacúdalo antes de abrirlo. Use una taza medidora y vierta cantidades iguales de agua de tubo y fórmula líquida en una botella limpia (el agua primero). Por ejemplo, para mezclar 4 onzas de fórmula, vierta 2 onzas de agua en el biberón, luego 2 onzas de fórmula líquida concentrada. Ponga una tetilla limpia sobre el biberón, luego agite para mezclar. Pruebe la temperatura del contenido sobre su muñeca para asegurarse que no esté demasiado caliente, luego suminístrelo a su bebé. Deseche cualquier remanente de fórmula en el biberón que no use durante esta sesión alimenticia.

- **Cuando mezcle fórmula en polvo:** Use una cucharada de fórmula (la cuchara viene con la fórmula) para cada 2 onzas de agua de tubo. Por ejemplo, para mezclar 4 onzas de fórmula, ponga 4 onzas de agua en el biberón, luego 2 cucharadas de fórmula en polvo. Agite bien para mezclar, pruebe la temperatura en su muñeca y luego alimente a su bebé. De nuevo, deseche cualquier remanente después de alimentar al bebé.

Nunca trate de "hacer rendir" la fórmula y a sea líquida o en polvo, adicionando más agua de la indicada en las instrucciones. Si tiene problemas de dinero para comprar fórmula, pida información al médico acerca de la ayuda ofrecida por el programa Women, Infant and Children (WIC) administrado por el gobierno federal.

ALIMENTAR AL BEBÉ CON BIBERÓN

Siempre sostenga a su bebé mientras toma del biberón. Cuando esté apresurada o cansada, podría estar tentada a apoyar el biberón en la boca del bebé, de tal forma que pueda comer mientras usted hace otras cosas. Esta es una mala idea para usted y su bebé porque:

- **Puede ser peligroso.** Su bebé puede sofocarse o desarrollar infecciones en el oído

- **Puede causar daño dental.** La fórmula (o cualquier otro líquido dulce, incluyendo leche materna) se estancará en la boca del bebé, si se queda dormido con un biberón. El azúcar natural del líquido formará un ácido que puede dañar los dientes del bebé.

- **Puede afectar el desarrollo emocional del bebé.** Los bebés necesitan ser tocados y cargados. La alimentación es un tiempo natural para abrazar al bebé y a sea que le esté dando pecho o usando un biberón. Lo mejor que puede hacer por su bebé es sentarse en un lugar tranquilo mientras lo alimenta.

Es importante que cargue a su bebé mientras lo está alimentando ya sea con el seno o con biberón.

EL COMIENZO

El diario de las siguientes páginas la ayudará a tener un registro de qué tanta fórmula está tomando su bebé y si él está mojando regularmente y ensuciando pañales.

DIARIO DE ALIMENTACIÓN CON BIBERÓN
PARA LA PRIMERA SEMANA

Encierre en un círculo la hora en que su bebé come. Encierre la
M cuando el bebé tenga un pañal mojado y la S cuando ensucie
el pañal. Lo mejor sería usar pañales de tela o desechables baratos la primera semana de vida de su recién nacido. Esto le hace
más fácil saber si el bebé se ha orinado.

Fecha de nacimiento: _____/_____/_____ Hora: _____ AM PM

DÍA UNO:

Hora de alimentación con biberón:

12 1 2 3 4 5 6 7 8 9 10 11 12 1 2 3 4 5 6 7 8 9 10 11

OBJETIVO: 6 a 12 veces por día

Deglución audible:	Sí	No
Pañal mojado:	M	
Pañal ensuciado negro:	S	

DÍA DOS:

Hora de alimentación con biberón:

12 1 2 3 4 5 6 7 8 9 10 11 12 1 2 3 4 5 6 7 8 9 10 11

OBJETIVO: 6 a 12 veces por día

Deglución audible:	Sí	No
Pañal mojado:	M	M
Pañal ensuciado negro:	S	S

DÍA TRES:

Hora de alimentación con biberón:

12 1 2 3 4 5 6 7 8 9 10 11 12 1 2 3 4 5 6 7 8 9 10 11

OBJETIVO: 6 a 12 veces por día

Deglución audible:	Sí	No	
Pañal mojado:	M	M	M
Pañal ensuciado verde:	S	S	

DÍA CUATRO:

Hora de alimentación con biberón:

12 1 2 3 4 5 6 7 8 9 10 11 12 1 2 3 4 5 6 7 8 9 10 11

Objetivo: 6 a 12 veces por día

Deglución audible:		Sí	No			
Pañal mojado:		M	M	M	M
Pañal ensuciado amarillo:		S	S		

DÍA CINCO:

Hora de alimentación con biberón:

12 1 2 3 4 5 6 7 8 9 10 11 12 1 2 3 4 5 6 7 8 9 10 11

Objetivo: 6 a 12 veces por día

Deglución audible:		Sí	No			
Pañal mojado:		M	M	M	M
Pañal ensuciado amarillo:		S	S	S	

DÍA SEIS:

Hora de alimentación con biberón:

12 1 2 3 4 5 6 7 8 9 10 11 12 1 2 3 4 5 6 7 8 9 10 11

Objetivo: 6 a 12 veces por día

Deglución audible:		Sí	No			
Pañal mojado:		M	M	M	M
Pañal ensuciado amarillo:		S	S	S	

DÍA SIETE:

Hora de alimentación con biberón:

12 1 2 3 4 5 6 7 8 9 10 11 12 1 2 3 4 5 6 7 8 9 10 11

Objetivo: 6 a 12 veces por día

Deglución audible:		Sí	No				
Pañal mojado:		M	M	M	M	M	M
Pañal ensuciado amarillo:		S	S	S			

Si su bebé no está comiendo 6 a 12 veces por día o parece estar consumiendo todo a la vez, o si tiene menos pañales mojados o ensuciados que el número en el diario, llame al médico.

Para los compañeros

SI LA MADRE está amamantando al bebé, usted puede pensar que no hay mucho qué hacer por el momento. Para algunos compañeros, esto es un alivio, otros sienten como si se estuvieran perdiendo de algo especial.

Asegúrese de asistir a la clase de amamantamiento con su pareja. Podrá ayudarla mejor si está bien informado acerca de la alimentación del bebé. Aunque es cierto que usted no puede amamantar al bebé, podría ayudar a su pareja a hacerlo y tomar parte en esta particular experiencia de unión. Usted puede ser quien cargue al bebé que llora a medianoche, cambie su pañal y lo lleve a la madre para ser amamantado. Esto ayuda a que su compañera pueda dormir un poco más. También puede arrullar, cargar o sacarle los gases al bebé después de la sesión alimenticia; o, simplemente regocíjese de lo maravilloso de todo esto. Hágale saber a su compañera lo orgulloso que está de ella y apóyela en el cuidado del bebé.

Tal vez esté un poco celoso, o inquieto, por ver los senos de su pareja en una forma completamente diferente a la usual; o puede estar algo excitado. Estos son sentimientos normales. Puede ser útil hablar al respecto con su pareja u otra persona.

Para más información

Nursing Mother, Working Mother por Gayle Pryor.
The Nursing Mother's Companion por Kathleen Huggins, RN, MS.
The Womanly Art of Breastfeeding por La Leche League.

www.breastfeeding.com
www.lalecheleague.org (La Leche League 1-847-519-7730)
www.medela.com (Medela, Inc. 1-800-435-8316)
www.hollister.com (Hollister, Inc. 1-800-323-4060)

Los primeros quince meses de su bebé

Usted se preguntaba cómo sería su bebé y ahora está ahí, es una persona independiente que necesita mucho de usted.

Los primeros quince meses de vida de su bebé son importantes para el desarrollo físico, mental y emocional. Usted desea cuidar a su bebé de la mejor forma posible ya sea que ello signifique la aplicación de las inmunizaciones apropiadas o juegos que ayudarán a su desarrollo.

Los primeros quince meses serán muy ocupados en la medida que el bebé cambia de un indefenso recién nacido a un pequeño individuo que camina, habla y muestra una personalidad independiente.

ALGUNAS DE LAS PREGUNTAS RESPONDIDAS EN ESTE CAPÍTULO INCLUYEN:

- ¿Cómo se define una buena madre?
- ¿Qué cambios veré en mi bebé?
- ¿Cómo mantengo a mi bebé seguro?
- ¿Cómo puedo ayudar al desarrollo de mi bebé?
- ¿Cuáles inmunizaciones necesitará mi bebé?
- ¿Cuándo empezará mi bebé a comer alimento sólido?
- ¿Cuándo empezará a caminar mi bebé?

CONVERTIRSE EN UNA MADRE

A UNA NIÑA de tres años se le dice que su mamá va a tener un nuevo bebé y que ella "será una hermana mayor". La niña espera ilusionada durante meses; luego nace el nuevo miembro de la familia y ella resulta muy molesta. "Me dijeron que iba a ser una hermana *mayor*", se queja la niña llorando. "¡Pero aún tengo el mismo tamaño!".

Cuando tenga su primer bebé, puede sentirse en gran parte como aquella niña de tres años. Ahora tiene un bebé, pero usted es aún la misma persona. ¿Qué se necesita para ser un buen *padre*?

Debemos aprender cómo ser padres de la misma forma que aprendemos la mayoría de cosas:

¿Cómo se define una buena madre?

- **Obtener información**

  Mientras estaba gestando, puede haber leído libros sobre embarazo, parto y bebés. Hay docenas de publicaciones disponibles acerca de bebés y padres (vea la lista de recursos al final de este capítulo). Numerosos videos y cintas de audio también están disponibles. En la mayoría de comunidades hay grupos dedicados a apoyar y educar a los padres. Uno de ellos es La Leche League, que tiene agencias en toda la geografía de los Estados Unidos y no sólo ayuda en la lactancia materna de nuevas madres, también ofrece oportunidades para compartir información e inquietudes con otras madres. Pregunte a su médico sobre información referente a otros grupos en su comunidad.

- **Observar a los demás**

  El ejemplo de crianza de hijos que probablemente tuvo la mayor influencia sobre usted es el establecido por sus propios padres. Pero ahora que tiene su bebé, debe detenerse y pensar en qué clase de padres tuvo y qué partes de su estilo de crianza desea conservar —y cuales no—.

  Su madre pudo haber sido maravillosa cambiando sus pañales y manteniéndola alimentada y limpia, pero tal vez no fue muy expresiva emocionalmente, no la besaba o abrazaba frecuentemente. O tal vez pudo haber sido afectuosa y cálida, pero ignoraba citas en la clínica y rara vez cocinaba una comida.

Piense en sus amigos y otros parientes. ¿Qué le gusta de la forma en que ellos crían a sus hijos? ¿Qué no le gusta? ¿Cuáles bebés parecen felices y amados? No tema preguntarle a los demás acerca de la idea que tienen de ser padres —y no dude en ignorar las ideas que no parezcan apropiadas para usted—.

Decida cuáles son sus prioridades —y qué es lo mejor para su bebé—. Ningún padre es perfecto, pero todos queremos hacer lo mejor posible para ser buenos padres.

- **Práctica**

Sin importar qué tanto haya leído acerca de ser padre de familia, o qué tanto ha observado a otros padres, aprenderá mucho de dicho papel simplemente *ejerciéndolo*.

Si no sabe cómo cambiar un pañal, las enfermeras del hospital le enseñará antes que regrese a casa. Pero sólo será hábil cambiando pañales después que haya cambiado unos cuantos por sí misma.

Si está nerviosa por la lactancia materna, su médico, una enfermera, o un especialista en lactancia, le ayudará a comenzar. Pero es sólo haciéndolo que encontrará las posiciones que funcionan mejor para usted y su bebé.

Debido a que pondrá atención a su propio bebé, aprenderá la diferencia entre su llanto por cansancio y el causado por hambre. Se dará cuenta que su bebé es intranquilo alrededor de otras personas y necesita ser cargado cuando hay visitantes —o aprenderá que a su bebé le gusta la atención de otras personas y puede necesitar un poco de control para que no se emocione demasiado—.

ASUNTOS ESPIRITUALES

Al convertirse en madre, enfrentará varias preguntas espirituales: ¿Qué significa amor? ¿Qué es el auto sacrificio? Tome tiempo para pensar acerca de estas inquietudes y discútalas con otros padres, su familia, amigos y su pareja. Cuando confronte las alegrías y luchas espirituales de la paternidad, aprenderá grandes lecciones acerca de lo que usted es y cómo vive sus creencias.

La primera conexión importante de un bebé es con sus padres. Es un vínculo que comienza incluso antes de que el bebé nazca. Recientes estudios muestran que los bebés pueden oír estando en la matriz y de alguna forma recuerdan lo que oyen. Ya que el sonido que oirá más a menudo es la voz de la madre, un recién nacido responde más a la voz de su progenitora que a la de cualquier otra persona.

En algunas culturas, los bebés son atados a las espaldas o pechos de sus madres durante la mayor parte del día y la noche en los primeros meses después del nacimiento. Esta práctica es rara en los Estados Unidos, pero los bebés norteamericanos aún necesitan sentir el calor, los sonidos y los olores de la madre. El proceso de desarrollo del bebé será mejor entre más lo abrace, hable y juegue con él.

Ser madre no es un trabajo de medio tiempo; en realidad es grande el esfuerzo, pero también es mucha la diversión. No hay nada que pueda hacerla más feliz que observar la cara de su bebé cuando usted entra a la habitación.

Incluso si trabaja fuera de casa, sigue siendo una madre de tiempo completo. Otras personas pueden cuidar al bebé mientras está trabajando, pero usted aún es la persona más importante en la vida de su bebé. Aunque puede sentirse cansada al regresar a casa, debe asegurarse que su bebé no extrañe su atención. Este es un momento para que lo cargue y abrace, le entone una canción o lea una historia. Muéstrele su amor. Es una buena forma de relajarse después del trabajo y es algo que el bebé necesita.

PROBLEMAS AL SER MADRE

Si se siente abatida, dígaselo a alguien. Su médico puede ayudar a remitirla a servicios o especialistas cuando piense que no puede manejar el bebé o ser madre. Esta labor *es* difícil, incluso cuando todo está bien. Si el bebé tiene un cólico y llora todo el tiempo, o un bebé que empieza a andar y parece estar fuera de control, cumplir el papel de madre puede parecer imposible.

No se avergüence de admitir que piensa que no puede manejar la situación. La mayoría de padres se han sentido así en algún momento. A veces un poco de consuelo es lo que necesita para que sienta más confianza en sí misma.

Haga lo que haga, *nunca*, transmita su frustración al bebé. Si siente que va a perder el control, consiga ayuda inmediatamente. Encuentre a alguien que cuide su bebé durante una o dos horas, mientras usted hace lo que necesite para calmarse ya sea tomar una siesta, caminar alrededor del vecindario, o hablar con un amigo o pariente.

Es especialmente importante que nunca sacuda a su bebé; esto puede causar un daño cerebral permanente, incluso la muerte. Deje claro con sus cuidadores y niñeras que nunca deben sacudir a su bebé, por ninguna razón. Pídales que la llamen para ir a recoger al bebé si sienten que están "perdiendo el control".

Usted y su bebé comparten un vínculo especial. Pase tiempo mirando la cara de su bebé, hablando y mostrando diferentes expresiones.

Su bebé: De 2 semanas a 2 meses

DURANTE LOS primeros 2 meses de vida de su bebé, verá grandes cambios en la manera en que su bebé la observa, actúa e incluso le "habla". De un recién nacido que no parece hacer mucho más que comer, dormir y llorar, su bebé se convertirá rápidamente en una pequeña persona que sonríe y examina el mundo.

Nutrición

- El único alimento que su bebé necesita ahora es leche materna o fórmula fortalecida con hierro. No trate de suministrar otros alimentos inicialmente; el sistema digestivo del bebé no está listo para manejarlos.
- Usted estará alimentando a su bebé cada 2 a 4 horas, aunque es probable que el horario cambie día a día.
- Entre más frecuente coma el bebé en el el día, hay mayor probabilidad de que duerma más tiempo (5 a 8 horas) en la noche.

Eliminación

- Los bebés alimentados con leche materna usualmente tienen evacuaciones pequeñas, amarillentas o doradas —con frecuencia especialmente durante las primeras 7 semanas—. A medida que el bebé crece, deberá haber menos evacuaciones por día.
- Los bebés alimentados con fórmula tienen de 1 a 4 evacuaciones por día. Estas deposiciones deben ser blandas y el color variará dependiendo del tipo de fórmula usada.
- Aprenderá a reconocer las evacuaciones normales de su bebé. Observe si hay un cambio drástico en el color, la frecuencia o la textura de las deposiciones. Esto puede ser una señal de alergia (a la fórmula o a algo que usted puede haber comido y transmitido a través de la leche materna) o enfermedad.
- Su bebé mojará de 6 a 8 pañales por día, con pequeñas cantidades de orina cada vez.

Dormir

- Los bebés a esta edad duermen de 16 a 20 horas por día. El patrón de sueño de su bebé variará día a día.
- Si su bebé duerme más de 3½ a 4 horas durante el día, despiértelo para alimentarlo. Necesita dejar períodos de sueño más largos por la noche, cuando usted pueda dormir también.

- Cuando alimente a su bebé en la noche, hágalo con un poco más de paz y tranquilidad que durante el día, de tal forma que el bebé se vuelva a quedar dormido y no que piense que es hora de jugar.

- Los bebés deben ser puestos a dormir de espaldas o de lado, no boca abajo. Se ha encontrado una asociación entre esta última posición y el síndrome de muerte súbita del niño (SMSN).

- Su bebé puede dormir en una habitación separada, en la cama junto a usted, o en una cuna o camilla de bebé en su habitación. Si decide dejar dormir a su bebé en una camilla, revise las medidas de seguridad descritas en la página 110.

- La rutina para acostarse le ayudará a su bebé a aprender cuándo dormir mientras crece. Esto puede incluir lavar al bebé con una esponja, ponerle un pañal nuevo y ropa limpia, alimentarlo y sacarle los gases y luego sentarse junto a él en una habitación tranquila y con poca luz hasta que se quede dormido.

CRECIMIENTO Y DESARROLLO

- Su bebé puede oír desde el momento del nacimiento. El puede reaccionar a los sonidos parpadeando, llorando, quedándose quieto o alarmándose (un movimiento espasmódico). También conoce el sonido de su voz y permanecerá aprendiendo y respondiendo a ella.

- Un recién nacido puede ver hasta aproximadamente 1 pie (30 cms. de distancia). Al tener 2 meses de edad, podrá ver cosas a una distancia de 10 pies. A las 6 semanas, empezará a seguir cosas —especialmente a usted— con sus ojos y responder con sonrisas cuando le esté sonriendo.

¿Qué cambios veré en mi bebé?

- A las 2 ó 3 semanas, su bebé puede empezar a tener un período de llanto, usualmente al iniciar la noche. Este es un normal período melindroso, pero a veces es difícil para los padres porque parece que nada de lo que hacen ayuda a calmar el bebé. Trate de tranquilizar al bebé arrullándolo, caminando o dándole palmaditas en la espalda. Tal vez tenga que envolverlo bien en una cobija o alimentarlo de nuevo. No es recomendable que permita "llorar" al bebé a esta edad. Tenga en cuenta esto hasta que el período de llanto acabe —el proceso completo puede tomar de 2 a 3 horas—. Los bebés finalmente dejan su descontento.

- Los **cólicos** son períodos extendidos de llanto, usualmente en las horas de la tarde. Los bebés con cólicos parecen sufrir y los padres a menudo son incapaces de aliviarlos. Use las técnicas para tranquilizar listadas en la página 109. Trate de cumplir su rutina lo más posible. Si está muy preocupada, llame al médico. Este puede ser un período muy estresante para los padres.

SOCIALIZAR

- A medida que el bebé se desarrolla, empezará a sonreírle a las personas, usualmente a los padres, hermanos y hermanas, niñeras y quienes están junto a él frecuentemente y son parte de su vida.
- Cuando su bebé tenga 2 meses de nacido, mostrará emoción —moviendo brazos y piernas, haciendo ruidos, sonriendo— y podrá calmarse por sí mismo chupando sus dedos o un chupete.
- Su bebé mostrará que le gusta estar junto a la gente, permaneciendo despierto más tiempo cuando las personas están alrededor e incluso "alardeando" frente a los demás.

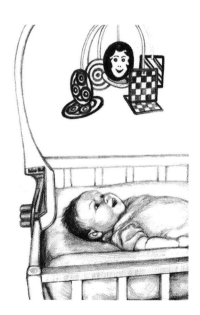

Los móviles y otros objetos o cuadros resplandecientes pueden atraer la atención y el interés del bebé.

¿Cómo mantengo a
mi bebé seguro?

SEGURIDAD

- En el automóvil siempre use un asiento para bebé apropiado y colóquelo mirando hacia la parte trasera, preferiblemente en medio de la silla de atrás.
- Nunca deje a su bebé solo sobre un lugar alto o en la bañera, ni siquiera por un momento. Los bebés pueden caerse de una mesa o hundirse bajo el agua en segundos.
- Sostenga siempre a su bebé cuando lo alimente con biberón. Dejar un biberón apoyado para que el bebé pueda alimentarse sin su ayuda, podría causar sofocamiento y se ha demostrado que aumenta las infecciones en el oído.

ACTIVIDADES PARA AYUDAR AL DESARROLLO DEL BEBÉ

¿Cómo puedo
ayudar al desarrollo
de mi bebé?

- Ponga a su bebé boca abajo sobre una superficie llana. Háblele, muéstrele juguetes, o sostenga un espejo para estimular al bebé a que intente levantar su cabeza, fortaleciendo así los hombros y músculos del cuello. (Nunca duerma boca abajo).
- Siente el bebé sobre sus piernas, mirando hacia usted. Lleve hacia adelante los hombros del bebé, dándole más apoyo. El bebé podrá ver lo que sucede y a su vez mirarlo a los ojos.
- Coloque de espaldas al bebé y estimule el movimiento de manos y pies con juguetes de colores vivos y ruidosos en sus manos o pies.

VISITAS A LA CLÍNICA

DESPUÉS DE su primera visita a la clínica con su nuevo bebé, el médico establecerá un horario para exámenes de salud. Las ocasiones en que verá al doctor son usualmente planeadas para que coincidan con el tiempo de las inmunizaciones.

Tal vez vea al médico durante los primeros 2 meses de edad de su bebé si éste se encuentra enfermo de resfriado o infección en el oído. El pequeño cuerpo de su bebé puede enfermarse rápidamente, así que no espere hablar con su médico si esto ocurre.

Las inmunizaciones dadas durante los 2 primeros meses son:

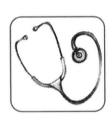

¿Cuáles
inmunizaciones
necesitará mi bebé?

- **Hepatitis B.** Esta previene la infección del hígado que puede ser causada por el virus de la Hepatitis B. La primera inyección de esta vacuna es usualmente aplicada entre 2 semanas y 2 meses y la segunda entre 2 y 4 meses.

- **DTP o DTAP.** Esta vacuna combinada protege contra difteria, pertusis (tos ferina) y tétano. La primera inyección es aplicada a los 2 meses.
- **Polio.** La vacuna contra el polio puede ser suministrada como inyección o solución oral. El polio puede paralizar o matar, pero gracias a la vacuna es mucho menos común actualmente que hace cuarenta o cincuenta años.
- **Hib.** Esta vacuna protege contra la bacteria Haemophilus Influenzae tipo B, que puede causar daño cerebral, neumonía, infección, e incluso la muerte en niños de corta edad. La vacuna es aplicada en una inyección al iniciarse los 2 meses del bebé.

En la visita a la clínica del bebé con 2 meses de edad, recibirá 3 ó 4 vacunas, dependiendo de las actuales recomendaciones médicas. La mayoría de bebés lloran cuando se les aplican las inyecciones, pero la molestia es muy breve.

Medicamentos sin prescripción para la fiebre y el dolor

Es probable que su bebé sufra de muchos resfriados y adquiera virus durante los primeros quince meses y su médico puede recomendarle que le suministre una medicina de venta libre como Tylenol o Advil para ayudar a controlar la fiebre y aliviar los dolores. (No debería dar medicaciones a su bebé, especialmente aspirinas, sin la aprobación del médico). La siguiente tabla muestra las dosis correctas para su bebé a medida que crece y gana peso.

PESO EN LIBRAS	ACETAMINOFÉN (Tylenol, Tempra)		IBUPROFEN (Motrin, Advil, Pediaprofen)	
	GOTAS 80 mg/0.8 ml	ELIXIR/SUSPENSIÓN 160 mg/5 ml	GOTAS 50 mg/1.25 ml	SUSPENSIÓN 100 mg/5 ml
12–14	0.8 ml	1/2 cuch.	1.25 ml	1/2 cuch.
15–17	1.0 ml	2/3 cuch.	2.0 ml	3/4 cuch.
18–22	1.2 ml	3/4 cuch.	2.5 ml	1 cuch.
23–29	1.6 ml	1 cuch.	3.25 ml	11/4 cuch.
30–34	2.0 ml	11/4 cuch.	3.75 ml	11/2 cuch.
35–40	2.4 ml	11/2 cuch.	–	13/4 cuch.
41–46	–	13/4 cuch.	–	2 cuch.
47–52	–	2 cuch.	–	21/2 cuch.

Varias veces al día, ponga a su bebé boca abajo y muéstrele juguetes y otras cosas interesantes. Esto hará que el bebé levante su cabeza y fortalezca el cuello y la columna vertebral.

Su bebé: Del segundo al cuarto mes

ESTA PUEDE ser una época cómoda para usted. Su bebé llora menos —esas horas al anochecer en que solía ser melindroso desaparecen— y ahora duerme más. El bebé está más interesado en el mundo y en otras personas. Las rutinas son más estables, con horarios más regulares para comer, dormir y jugar.

También es probable que se acaben su cansancio y sus sentimientos de frustración. Cuando mire a este pequeño y feliz bebé que sonríe cada vez que usted entra a la habitación, olvidará aquellos tiempos difíciles durante los primeros 2 meses.

NUTRICIÓN

- El mejor alimento para su bebé es aún la leche materna o la fórmula fortalecida con hierro y por ahora no se debería suministrar otro tipo de comida. Si piensa que el bebé necesita cereal u otro sólido, hable con su médico al respecto antes de suministrar dichos alimentos.
- Su bebé recibirá leche materna aproximadamente 6 veces al día.
- Si alimenta a su bebé con fórmula, debería suministrarle de 20 a 32 onzas por día.
- Su bebé tomará más comidas durante el día y dormirá más por la noche.

ELIMINACIÓN

- Los bebés que toman leche materna pueden tener evacuaciones varias veces al día o tan escasas como una vez a la semana. En cualquier caso, es normal si es un patrón regular para su bebé.
- Los bebés alimentados con fórmula usualmente tienen de 1 evacuación en varios días hasta 4 al día. Estas deposiciones son blandas.
- La mayoría de bebés orinan frecuentemente en pequeñas cantidades. Su bebé deberá mojar varios pañales por día.

DORMIR

- La mayoría de bebés empiezan a dormir más en la noche —7 a 8 horas—. Luego pueden despertarse para una alimentación y quedarse de nuevo dormidos otras 3 a 4 horas (lo que significa que usted también puede dormir más ahora).

- Las siestas durante el día pueden variar. Su bebé puede tomar una siesta corta, una larga, o tal vez no hacerlo en lo absoluto. También es posible que tome varias siestas.
- Usted puede ayudar al bebé a aprender cómo quedarse dormido por sí mismo. Cuando note que el bebé está cansado, trate de ponerlo en la camacuna estando aún despierto, para que pueda aprender a dormirse sin ayuda.
- Alimente al bebé aproximadamente media a una hora antes de ponerlo en la camacuna por la noche, de tal forma que el bebé aprenda a separar la idea de comer y dormir.

¿Qué cambios veré en mi bebé?

CRECIMIENTO Y DESARROLLO

- Ahora la visión del bebé es como la de un adulto y el ojo se ajusta a objetos en diferentes distancias.
- El bebé jugará con sus dedos.
- Su bebé empieza a alcanzar y agarrar cosas, aunque aún torpemente. El bebé puede soportar peso sobre sus pies y levantar el pecho cuando es colocado boca abajo.
- El bebé empieza a babear aproximadamente a los 3 meses, aunque la dentición usualmente comienza del sexto al décimo mes.
- Su bebé aprende poniéndose cosas en la boca, comenzando con sus propios dedos y luego lo que esté al alcance.

SOCIALIZAR

- Su bebé sonríe y emite sonidos y responde a las personas —especialmente a usted—. Alrededor del cuarto mes, el bebé puede establecer una "conversación" completa, babeando y emitiendo sonidos en serie. Estando de buen humor, su bebé puede dar gritos agudos, reírse tonta y abiertamente hasta 30 minutos.
- Si hay personas alrededor socializando con su bebé, jugará el doble que estando solo.

Seguridad

- Siga usando el asiento para bebé en la parte de atrás del automóvil.
- No deje solo a su bebé en un lugar alto o en la bañera. Ahora es más activo y puede caer rápidamente de una mesa, una cama o un mostrador.
- No consuma alimentos calientes mientras carga a su bebé, pues está empezando a agarrar cosas y podría quemarse.

¿Cómo mantengo a mi bebé seguro?

Actividades para ayudar al desarrollo del bebé

- Unos cuantos minutos al día, acueste al bebé boca abajo cuando esté despierto. Esto ayudará a desarrollar los músculos y el bebé aprenderá a dar vueltas.
- Deje en ocasiones que el bebé juegue sin ropa. Esto es bueno sobre una toalla en medio de una cama doble, con usted al lado. A un bebé de 2 a 3 meses de edad le gusta estar desnudo. Ya que el bebé aprende del mundo en gran parte tocando cosas y el estar desnudo le permite sentir diferentes texturas. También puede encontrar sus propias partes corporales.
- A su bebé le gusta observar cosas nuevas —y ponérselas en la boca—. Juguetes u objetos de diferentes colores, pesos y texturas lo estimularán. Usted no necesita comprar nada lujoso, pero asegúrese de que sea seguro todo lo que su bebé coge para jugar.
- Cargue a su bebé de tal forma que pueda ver su cara y háblele suavemente. Cuando el bebé le responda de alguna forma, contéstele, como si tuviera una conversación real.
- Continúe leyéndole, contándole historias y hablándole. Tales actividades pueden tener inmensos beneficios en el aprendizaje futuro.

¿Cómo puedo ayudar al desarrollo de mi bebé?

Visitas a la clínica

Las segundas vacunas para difteria-tétano-pertusis, polio y hib son usualmente aplicadas a los 4 meses. Si la primera vacuna de Hepatitis B fue aplicada a los 2 meses, la segunda es programada al tercer o cuarto mes.

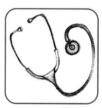

¿Cuáles inmunizaciones necesitará mi bebé?

SU BEBÉ: DEL CUARTO AL SEXTO MES

SU BEBÉ comienza a volverse muy activo durante estos 2 meses, aprendiendo a controlar más músculos, explorando el mundo más activamente —y poniéndose todo en la boca—.

NUTRICIÓN

¿Cuándo empezará mi bebé a comer alimento sólido?

- La leche materna o fórmula fortalecida con hierro le dará toda la nutrición que el bebé necesita, pero usted puede notar señales de que está listo para probar alimentos sólidos.
- Estas señales indican que su bebé está listo para comidas sólidas:
  - repentinamente toma más fórmula o leche materna;
  - se despierta hambriento a medianoche;
  - parece querer comer cuando los demás —usted u otros adultos— están comiendo.
- Un buen alimento sólido es arroz o cereal de avena. Comience con una cucharada de cereal seco con agua, leche materna, fórmula, o un jugo no cítrico (*no jugo de naranja*) diluido con una cantidad igual de agua.
- Algunos bebés prefieren el cereal espeso, a otros les gusta aguado. Experimente para ver cuál elige su bebé.
- Una porción diaria es de 4 a 8 cucharadas de cereal seco en una o dos comidas.
- Después que su bebé haya comido cereal durante una o dos semanas, puede empezar a ensayar frutas y verduras en puré. Sólo haga esto si su bebé parece desear más alimentos sólidos.
- Su bebé deberá estar tomando leche materna de 4 a 6 veces por día, o tomar de 20 a 35 onzas de fórmula diariamente.

ELIMINACIÓN

- Las deposiciones cambiarán cuando su bebé comience a consumir alimentos sólidos. Si el bebé tiene evacuaciones más compactas, use harina de avena en lugar de cereal de arroz.
- La vejiga de su bebé está creciendo, por eso no necesita orinar muy a menudo. Usted no tendrá que cambiar pañales tan frecuentemente, pero deben estar más mojados cuando los quite.
- Ahora todas las comidas de su bebé deben ser durante el día.

DORMIR

- Ahora la mayoría de bebés duermen cerca de 10 horas por noche.
- Si no ha iniciado una rutina de sueño para su bebé, hágalo ahora. Cuando el bebé empiece a lucir cansado en la noche, déjelo listo para dormir y póngalo en la camacuna mientras sus ojos estén abiertos, así se acostumbrará a estar cómodo en su cama y quedarse dormido. Una vez que el bebé pueda dormirse al iniciar la noche, podrá hacerlo de nuevo si luego es despertado.
- Las siestas varían. En promedio su bebé tomará 3 en el día.

CRECIMIENTO Y DESARROLLO

- Su bebé no quiere perderse un minuto del mundo que lo rodea y puede molestarse cuando lo ponga boca abajo, pues es más difícil ver.
- Durante estos meses la mayoría de bebés aprenden a dar vueltas de la espalda hacia adelante y en sentido contrario.
- Al iniciar el tercer mes, los bebés necesitan tiempo para jugar independientemente, además de hacerlo en compañía.
- Ahora es mejor el alcance de su bebé y todo lo que coge terminará en la boca.
- Con apoyo, su bebé podrá sentarse durante media hora o más.

¿Qué cambios veré en mi bebé?

SOCIALIZAR

- Ahora su bebé es muy sociable y disfruta ver nuevas personas y nuevos sitios. Es un buen período para emplear niñeras por horas, si no las tiene aún, pues es más probable que el bebé acepte el cuidado ocasional de otra persona.
- Ahora su bebé puede jugar solo y necesita tiempo para aprender que es estar sin compañía.

SEGURIDAD

- Siga usando el asiento especial mirando hacia la parte trasera del automóvil si su bebé pesa menos de 20 libras vestido.
- No deje solo a su bebé en lugares altos o en la bañera.
- Inspeccione su casa —su bebé pronto se moverá bastante—. Observe la casa al nivel del bebé y descubra todo aquello a lo que tendrá acceso. ¿Hay tomas de corriente descubiertos? ¿Cables eléctricos que puede jalar? ¿Objetos rompibles dentro del armario, colocados justo detrás de las puertas del mismo?

¿Cosas pesadas que pueden ser jaladas o empujadas? ¿Utencilios de limpieza, insecticidas, limpiadores de drenajes, u otros materiales venenosos? En los siguientes años deberá adaptar la casa para la seguridad del bebé. Deje fuera del alcance objetos o materiales peligrosos —o incluso fuera de la casa—.

- Dé alimento sólido al bebé cuando esté bien asegurado en un asiento fuerte.
- Tenga cuidado al manejar objetos calientes cerca al bebé; ahora es posible que el bebé agarre cosas muy rápidamente.
- Aunque su bebé puede usar un caminador, no es aconsejable. Es muy fácil para un bebé moverse y rodar por las escaleras.

ACTIVIDADES PARA AYUDAR AL DESARROLLO DEL BEBÉ

- Mucho tiempo boca abajo sobre el piso le ayudará a su bebé a desarrollar fuerza en la parte superior del cuerpo además de aprender a moverse y dar vueltas. Sin embargo, el bebé puede molestarse por ser colocado en dicha posición.
- Las "paradas" son buenas por períodos cortos, siempre que su bebé no se pare sobre sus dedos demasiado.
- Pase tiempo mirando la cara de su bebé y hablándole. El bebé emitirá sonidos para tratar de mantener su atención. Sonría y hable como si estuviera teniendo una conversación.

¿Cómo puedo
ayudar al desarrollo
de mi bebé?

- Dele al bebé objetos y juguetes seguros al ser cogidos, llevados a la boca y agitados. Muéstrele cosas diferentes, desde flores del jardín hasta cuadros en la pared.
- Su bebé podría interesarse en los sonidos y las imágenes del televisor, pero no es bueno para él estar mucho tiempo frente a dicho aparato. Los bebés deben estar con personas reales que puedan responder a sus comportamientos y necesidades, no junto a imágenes no responsivas de personas en un televisor.
- La lectura de libros infantiles a su bebé continúa siendo beneficiosa para su desarrollo intelectual.

VISITAS A LA CLÍNICA

A los 6 meses, su bebé recibirá vacunación de DTP y hib. Dependiendo del programa usado, ahora es posible que se le aplique una tercera inmunización contra el polio y la vacuna HBV.

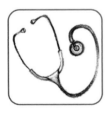

Los bebés de 4 a 6 meses de edad disfrutan coger cosas y llevarlas a la boca. Dele a su bebé una variedad de objetos seguros para explorar. Después de los 6 meses, incluso si el bebé no está listo para caminar, tratará de pararse para lograr una nueva visión del mundo.

SU BEBÉ: DEL SEXTO AL DÉCIMO MES

SU BEBÉ está aprendiendo a controlar el cuerpo y se está volviendo más independiente. Desde rodar en el suelo hasta gatear —incluso caminar—. Desde chuparse un dedo hasta agarrar cualquier cosa al alcance. Desde la primera sonrisa hasta encarar un mundo real. Todas estas cosas son posibles durante estos meses.

Los bebés se desarrollan de diferentes maneras y en cierto modo a ritmos distintos. Su bebé puede estar caminando a los 9 meses —o apenas gatear—. Hable con su médico acerca de cómo se está desarrollando su bebé.

NUTRICIÓN

- El alimento sólido ahora es tan importante como la leche materna o la fórmula. De 8 a 12 meses, la mayoría de bebés obtienen gran parte de su nutrición a través de comida sólida.
- Cuando siente el bebé en una silla alta y muestre interés en la comida de las otras personas, podrá empezar a nutrirlo con alimentos blandos de mesa, en lugar de alimentos en puré.
- Una buena elección para su bebé es ¼ de galleta hecha de harina de trigo sin cernir. Es fácil de coger y se disuelve rápidamente mientras el bebé la mastica.
- Si su bebé parece no poder ingerir las galletas u otros alimentos blandos de la mesa, espere un par de semanas y luego intente de nuevo. A veces sucede que el bebé no está aún interesado, o la nueva textura es demasiado extraña. A algunos bebés les gustan las nuevas texturas, otros necesitan probar algo varias veces antes de aceptarlo.
- Lo mejor es introducir unos pocos nuevos alimentos al pasar los días para no saturar al bebé.
- A los 7 u 8 meses, trate de alimentar al bebé con un cereal normal. Si el bebé puede tomarlo y comerlo exitosamente, está listo para probar alimentos blandos de la mesa.
- Un alimento es seguro para su bebé si tiene el tamaño aproximado de un Cheerio y puede ser estrujado entre sus dedos índice y pulgar.
- Del noveno al décimo mes, su bebé estará amamantando 2 ó 3 veces al día, o tomando de 16 a 24 onzas de fórmula.

ELIMINACIÓN

- Las deposiciones continúan variando, dependiendo de la alimentación del bebé. Es probable que ahora tengan un olor más fuerte, más semejante a las evacuaciones de los adultos.
- Es usual que el bebé tenga varias deposiciones diarias por un tiempo y ninguna en otros días.

DORMIR

- Las rutinas nocturnas están usualmente establecidas y su bebé deberá dormir de 10 a 12 horas sin despertarse.
- Las siestas son ahora más regulares, a la par con las comidas. Son comunes 2 ó 3 al día.
- Su bebé dormirá un promedio de 14 horas al día.
- Entre los meses 6 y 12, su bebé puede despertarse en la noche. Dele la oportunidad de dormirse de nuevo sin ayuda.
- Cuando el bebé comience a desarrollar dientes, lávelos suavemente con agua o límpielos con un trapo, como parte de la rutina antes de ir a la cama. Esto ayudará al bebé a crear buenos hábitos de limpieza dental mientras crece.

CRECIMIENTO Y DESARROLLO

- Su bebé empezará a sentarse sin ayuda, intentar pararse, gatear y tal vez hasta caminar. La edad promedio en que los bebés caminan es de 12 ½ meses.
- Del octavo al décimo mes su bebé puede empezar a decir algunas palabras simples. Estas serán: "Mamá", "papá", "adiós" y, por supuesto, "no". En principio dichas palabras serán casi accidentales, pero de los meses 10 a 15 el bebé sabrá cómo usar cada una correctamente.
- A medida que su bebé se vuelve más activo y se involucra con el mundo, es común que surjan algunos miedos. Un bebé que siempre quería ser bañado, puede desarrollar un miedo al agua. Un bebé muy sociable ahora sólo desea ser cargado por su mamá. Un bebé que sólo comía alimentos sólidos ahora los rechaza.

¿Cuándo empezará a caminar mi bebé?

¿Qué cambios veré en mi bebé?

SOCIALIZAR

- Ahora a su bebé le gusta jugar con usted y con otras personas. Los bebés a esta edad disfrutan observar a otros jugar. Si tiene hijos mayores, es probable que ahora sean el entretenimiento preferido de su bebé.
- Los niños empiezan a identificarse con los hombres o niños mayores, las niñas con mujeres y niñas mayores.
- Su bebé tendrá cambios de humor y será más sensible al de otras personas. Si usted está molesta, su bebé lo sabrá —y probablemente también se sentirá igual—.
- La personalidad de su bebé se consolida a todo momento. Algunas cosas le gustan, otras no. Puede preferir un juguete, un juego, una historia o una canción.
- A medida que el niño aprende más acerca del mundo, debe enseñarle lo que está o no bien. En lugar de decir "no" todo el tiempo, trate de darle a su bebé algo más para hacer, coger o jugar. Establezca límites sobre lo que el niño puede y no puede hacer. Por ejemplo, no deje que juegue con controles remotos, teléfonos u otras cosas que no sean juguetes y que no desea que sean utilizadas para jugar en el futuro. Si su bebé toma uno de estos objetos, dele uno aceptable o un juguete y quítele el inapropiado.

SEGURIDAD

- Cuando su bebé pese 20 libras con ropa, puede usar en el automóvil un asiento mirando hacia el frente. La posición más segura sigue siendo en el centro de la silla trasera.
- Ponga el colchón en la posición más baja de la camilla del bebé, una vez que pueda sentarse sin ayuda.
- Escriba el número telefónico del centro de control de envenenamiento local en un lugar fácil de ver y usar. Compre una botella de ipecac y úsela sólo bajo la guía del centro de control, para hacer que su bebé vomite sustancias potencialmente venenosas.
- Una vez que su bebé pueda sentarse solo, trate de evitar sillas o caminadores livianos que puedan volcarse en la medida en que se mueven.

¿Cómo mantengo a mi bebé seguro?

ACTIVIDADES PARA AYUDAR AL DESARROLLO DEL BEBÉ

- Háblele a su bebé, cara a cara. Use palabras simples una y otra vez, como el nombre de su bebé, un alimento o un juguete especial. Háblele mientras hacen cosas juntos. Si lo lleva a la tienda háblele de alimentos que ve sobre el mostrador. Pídale al bebé que señale la arveja o la leche. Luego señale usted misma.

- Si aún no le ha leído a su bebé, este es el momento de empezar a hacerlo. Incluso bebés muy pequeños reconocen los dibujos y luego las historias de sus libros favoritos. Bebés y niños pequeños disfrutan oír la misma historia una y otra vez. Esa es la manera en que aprender a asociar las palabras y las ilustraciones con la historia.

- Exagere. Cuando hable y juegue con su bebé use diferentes expresiones, tonos de voz y movimientos de manos y cuerpo.

- Dele a su bebé un espacio para moverse. El piso de un cuarto de juegos alfombrado es perfecto, pero no todas las familias lo tienen. Para experimentar con movimientos como gatear y caminar, su bebé necesita un espacio sin muchos muebles u otras cosas que puedan caerse o romperse.

- Deje que su bebé la observe hacer cosas. A los bebés de esta edad les gusta mirar a personas realizando actividades normales como cocinar, arreglar la casa o la jardinería. Piense en algo seguro que pueda hacer su bebé mientras la ve trabajar. Dele una cuchara o un trozo de alimento para que juegue mientras usted cocina. Permítale al bebé gatear en el pasto mientras arregla el jardín.

¿Cómo puedo ayudar al desarrollo de mi bebé?

VISITAS A LA CLÍNICA

Dependiendo de lo establecido por su clínica, el bebé puede tener un chequeo entre los meses 9 y 12. Algunos centros de salud aplican la tercera inyección de Hepatitis B y pueden también examinar el nivel de hierro del bebé, o hemoglobina, sacando una pequeña muestra de sangre de un dedo.

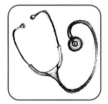

Explorar al aire libre es emocionante para el bebé que empieza a caminar. Incluso en días fríos, abrigue a su bebé y pase algún tiempo afuera.

Su bebé: Del mes 10 al 15

Su bebé ahora está empezando a caminar, come alimentos sólidos, habla y se está haciendo más independiente. A veces esto puede ser difícil, para usted y su bebé. El niño tiene un gran número de gustos y aversiones y puede ser muy testarudo. Pero su bebé necesita que usted le establezca límites y lo mantenga seguro. Hay muchas peleas entre padres e hijos en esta etapa. Recuerde: Usted es el adulto. Debe proteger a su bebé incluso haciéndole saber que está bien hacer cosas independientemente.

Nutrición

- Aproximadamente al año de edad, la mayoría de bebés comen todos los alimentos blandos de la mesa y quieren hacerlo por sí mismos.
- Ahora su bebé puede empezar a usar una taza. Debería tratar de suspender el biberón en los meses 12 a 15.
- Si su bebé está comiendo de todos los principales grupos alimenticios, podría reemplazar la fórmula con leche entera de vaca.
- Su bebé deberá comer principalmente granos, tales como cereal, pan, pasta y arroz, seguidos por frutas, verduras y alimentos ricos en proteínas como productos lácteos y carnes. Al año de edad, es suficiente de 12 a 18 onzas de leche al día.
- Porciones pequeñas motivarán al bebé a comer; siempre podrá darle más si aún tiene hambre.
- Las porciones correctas para bebés de esta edad son: Media pieza de pan, barquillo, bagel o similares; ¼ a ½ taza de cereal o pasta; una cucharada de fruta, verdura o carne; 6 onzas de leche; 4 onzas de yogur; 1 onza o 1 tajada de queso.
- Usar platos, cucharas y tenedores para niños le ayudará a su bebé a adquirir habilidades en la mesa. El bebé observará a los demás para aprender cómo emplear los utensilios.

Eliminación

- Ahora las deposiciones y la orina son usualmente predecibles, aunque las evacuaciones pueden cambiar en frecuencia o consistencia cuando se introducen a la dieta nuevos alimentos.

Dormir

- Su bebé puede estar tan activo que usted deberá comenzar un período de "calma" antes de acostarlo, con juegos suaves para tranquilizarlo.
- Las siestas deberán ser constantes, usualmente 2 al día.
- Su bebé dormirá aproximadamente 15 horas al día.
- Limpie los dientes del bebé con agua antes de acostarlo.

Crecimiento y desarrollo

- Casi todos los bebés empiezan a caminar a esta edad.
- Su bebé puede usar manos y dedos para agarrar, tirar y dejar caer cosas.
- Su bebé entiende muchas palabras y cumplir simples órdenes.
- Los bebés pueden al menos usar palabras simples y algunos pueden hablar un poco a la edad de 15 meses. Debe hacerle saber a su bebé que usted es feliz escuchando sus palabras.

Socializar

- Ahora el temperamento y las preferencias de su bebé son obvios y a veces un problema. Ya que su bebé también puede usar la palabra "no", usted puede sentirse inmersa en una lucha por el control.
- Su bebé es muy sensible a la aprobación de otras personas, especialmente de usted. Mientras le hace saber lo que puede o no hacer, siempre demuéstrele que lo ama.
- Puede surgir la "ansiedad de separación", incluso en un bebé que ha estado acostumbrado a ver muchas personas. Ayúdelo a entender que usted volverá, practicando separaciones cortas y regresando. No diga adiós repetidamente cuando deje a su bebé en una guardería o con una niñera; esto sólo inquieta más al niño. Despídase amorosa pero firmemente, luego salga de manera positiva.
- Enseñar lo bueno y lo malo es su principal labor como madre. Decida qué es o no aceptable. Usted y otros miembros de la familia deben estar de acuerdo en cómo tratar un comportamiento inaceptable. Si no desea que el bebé arroje comida, pero su esposo y el hijo mayor se ríen, el bebé se confundirá sobre cuáles son las reglas.

SEGURIDAD

- Asegúrese de que su casa es segura para bebés, con puertas al final de las escaleras, tomas de corriente apropiadas y picaportes en las puertas de los armarios. Mantenga fuera del alcance del bebé los objetos rompibles.
- En el automóvil use un asiento de seguridad para el bebé a todo momento.
- Nunca deje su bebé solo cerca al agua.

ACTIVIDADES PARA AYUDAR AL DESARROLLO DEL BEBÉ

- Dele a su bebé un espacio de juego en un lugar cercano a donde usted está. Un cuarto de juego alejado no es tan bueno como un espacio en la sala, próximo a donde usted se encuentra.
- Deje que su hijo explore al aire libre. Incluso en climas fríos, un bebé puede ser abrigado y sacado para que sienta la nieve o camine sobre montones de hojas caídas. Con un buen clima, hay cientos de vistas, sonidos y cosas para sentir.
- Háblele a su bebé mientras hacen cosas juntos. Si está preparando la cena, describa lo que está haciendo en términos simples. Si va a darle un baño, nombre cada parte corporal mientras lo baña: "Ahora lavamos tu mano, ahora lavamos tu codo, ahora lavamos tu hombro..."
- Deje que su hijo juegue con otros niños de la misma edad. Aunque un bebé a esta edad realmente no juega con los demás, aprenderá mucho observándolos y se acostumbrará a estar con otras personas. Si su hijo está en cuidado diario con otros niños, esta es ya una parte de su vida. Pero si se encuentra en casa junto a usted y no hay más niños, trate de encontrar un grupo de padres con bebés, o inscríbase a una clase de padres e hijos.

VISITAS A LA CLÍNICA

Entre los meses 12 y 18, su bebé recibirá una nueva inyección de DTAP y una de hib. Durante este mismo tiempo, le serán aplicadas vacunas de sarampión-paperas-rubéola (SPR) y varicela. Estas dos últimas inmunizaciones protegen a su bebé de algunas enfermedades peligrosas comunes en la infancia. Puede aplicarse una inyección contra Hepatitis B o una inmunización oral contra polio, dependiendo del programa establecido por la clínica.

¿Cómo puedo ayudar al desarrollo de mi bebé?

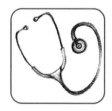

PARA LOS COMPAÑEROS

LOS BEBÉS crean relaciones especiales con todas las personas que los cuidan. Mientras más gente cariñosa tenga contacto con la vida del bebé, su desarrollo y crecimiento será más positivo.

Ahora casi todo lo que la madre puede hacer con el bebé puede también ser realizado por usted. Podría compartir el baño, el arrullo y el cambio de pañales. A medida que el bebé crece, puede compartir la alimentación.

Lo más importante es que puede involucrarse en actividades que ayudan al bebé a crecer y desarrollarse. Hable con el bebé, juegue con él y abrácelo.

Cuando su bebé crezca lo suficiente para estar por todos lados independientemente, usted y su compañera deben acordar qué límites desean en la casa y luego mantenerlos constantemente.

Usted y su pareja necesitan pasar el tiempo juntos. A veces eso parece imposible con un pequeño bebé en la casa y a veces las madres son renuentes a dejar a sus hijos solos, incluso por cortos períodos de tiempo. Puede estimular a su compañera para pasar un tiempo juntos como pareja. Si logra dejar al bebé en buenas manos, podrá ayudar a hacer realidad una noche especial.

PARA MÁS INFORMACIÓN

Taking Care of Your Child por Fries y Vickery Pantell.
Your Baby and Child: From Birth to Age Five por Penelope Leach.
The First Three Years of Life por Burton L. White.
The Magic Years por Selma Fraiberg.
Solve Your Child's Sleep Problems por Richard Ferber, MD
How to Get Your Kid to Eat ... But Not Too Much por E. Sutter.
The First Twelve Months of Life por T. Berry Brazelton.

www.parentsplace.com
www.parentsoup.com
www.aap.org (American Academy of Pediatrics)
www.parenthoodweb.com
www.fathers.com
www.fathermag.com

Manteniendo registros de su bebé

Usted puede tener un álbum para colocar las fotografías y los momentos especiales en la vida de su bebé, pero estas páginas pueden ayudarla a trabajar con su médico y darle un espacio para llevar un registro de algunos de los progresos importantes de su bebé.

USTED Y EL MÉDICO

PREGUNTAS QUE TIENE ACERCA DEL DESARROLLO DEL BEBÉ

Cuando piense en algo que quiere recordar para preguntarle al médico, escríbalo aquí. Lleve consigo este libro cada vez que se dirija a la clínica con el bebé.

Lo que está haciendo su bebé

Será de ayuda para su médico que usted registre los patrones regulares de su bebé al comer, dormir y despertarse:

¿Cuánto tiempo duerme su bebé al día? ¿Cuándo?
¿Cuál es el máximo tiempo que su bebé duerme?

¿Cuánto tiempo toma leche materna (o de biberón) al día?

¿Qué tipo de deposiciones tiene su bebé? ¿Qué tan a menudo?

¿Qué tanto llora su bebé? ¿Qué clase de llanto?

¿Cuánto tiempo del día su bebé está alerta?

Use el siguiente espacio para apuntar cualquier cosa que piense que podría ser comentada.

Use este espacio para registrar cada visita al médico con el bebé sano.

Fecha de la visita

_____

Altura del bebé   Peso del bebé

_____

Inmunizaciones

_____

Comentarios del médico acerca del desarrollo del bebé

_____

_____

_____

Fecha de la visita

_____

Altura del bebé   Peso del bebé

_____

Inmunizaciones

_____

Comentarios del médico acerca del desarrollo del bebé

_____

_____

_____

Fecha de la visita

_____

Altura del bebé   Peso del bebé

_____

Inmunizaciones

_____

Comentarios del médico acerca del desarrollo del bebé

_____

_____

_____

Fecha de la visita

_____

Altura del bebé   Peso del bebé

_____

Inmunizaciones

_____

Comentarios del médico acerca del desarrollo del bebé

_____

_____

_____

Fecha de la visita

_____

Altura del bebé   Peso del bebé

_____

Inmunizaciones

_____

Comentarios del médico acerca del desarrollo del bebé

_____

_____

_____

Fecha de la visita

_____

Altura del bebé   Peso del bebé

_____

Inmunizaciones

_____

_____

Comentarios del médico acerca del desarrollo del bebé

_____

_____

_____

Fecha de la visita

_____

Altura del bebé   Peso del bebé

_____

Inmunizaciones

_____

_____

Comentarios del médico acerca del desarrollo del bebé

_____

_____

_____

Fecha de la visita

_____

Altura del bebé   Peso del bebé

_____

Inmunizaciones

_____

_____

Comentarios del médico acerca del desarrollo del bebé

_____

_____

_____

Fecha de la visita

_____

Altura del bebé   Peso del bebé

_____

Inmunizaciones

_____

Comentarios del médico acerca del desarrollo del bebé

_____

_____

_____

Fecha de la visita

_____

Altura del bebé   Peso del bebé

_____

Inmunizaciones

_____

Comentarios del médico acerca del desarrollo del bebé

_____

_____

_____

PRIMERAS COSAS QUE HACE EL BEBÉ

USE ESTE ESPACIO para registrar algunos de los primeros momentos importantes —o divertidos— en la vida de su bebé.

PRIMERA SONRISA

Fecha

_____

Sonrió en/a ...

_____

Ocasión

_____

PRIMERA VOLTERETA

Fecha

_____

Ocasión

_____

PRIMERA RISA

Fecha

_____

Rió en/a ...

_____

Ocasión

_____

PRIMER CORTE DE PELO

Fecha

_____

PRIMERA VEZ QUE PERMANECIÓ SENTADO

Fecha

_____

PRIMEROS PASOS SOLO

Fecha

_____

PRIMER JUGUETE PREFERIDO

¿Cuál fue el juguete?

_____

¿Cuándo se convirtió en el favorito?

_____

PRIMERA PALABRA

Fecha

_____

¿A quién?

_____

¿Cuál fue la palabra?

_____

PRIMER AMIGO

Nombre

_____

¿Cómo se hicieron amigos?

_____

¿Qué han hecho juntos?

_____

PRIMERA FRASE COMPLETA

Fecha

_____

¿Qué dijo?

_____

Ocasión

_____

Otras primeras cosas importantes

Índice